U0641549

[日] **名和高司** 著

周征文 译

稻盛和夫与永守重信

他们是如何创造世界一流企业的

人民东方出版传媒
People's Oriental Publishing & Media

东方出版社
The Oriental Press

图书在版编目（CIP）数据

稻盛和夫与永守重信：他们是如何创造世界一流企业的 /（日）名和高司 著；周征文 译 . —
北京：东方出版社，2022.7
ISBN 978-7-5207-2804-1

Ⅰ.①稻… Ⅱ.①名…②周… ` Ⅲ.①企业管理—经验—日本—现代 Ⅳ.① F279.313.3

中国版本图书馆 CIP 数据核字（2022）第 084403 号

INAMORI TO NAGAMORI KYOTO HATSU CHARISMA KEIEI NO HONSHITSU
written by Takashi Nawa.
Copyright ©2021 by Takashi Nawa. All rights reserved.
Originally published in Japan by Nikkei Business Publications, Inc.
Simplified Chinese translation rights arranged with Nikkei Business Publications, Inc.
through Hanhe International (HK) Co., Ltd.

本书中文简体字版权由汉和国际（香港）有限公司代理
中文简体字版专有权属东方出版社
著作权合同登记号 图字：01-2022-2683号

稻盛和夫与永守重信：他们是如何创造世界一流企业的
（DAOSHENGHEFU YU YONGSHOUZHONGXIN : TAMEN SHI RUHE CHUANGZAO SHIJIE
YILIU QIYE DE）

作　　者：[日] 名和高司
译　　者：周征文
责任编辑：贺　方
出　　版：东方出版社
发　　行：人民东方出版传媒有限公司
地　　址：北京市西城区北三环中路 6 号
邮　　编：100120
印　　刷：北京文昌阁彩色印刷有限责任公司
版　　次：2022 年 7 月第 1 版
印　　次：2022 年 7 月第 1 次印刷
印　　数：1—7000 册
开　　本：880 毫米 ×1230 毫米　1/32
印　　张：8
字　　数：158 千字
书　　号：ISBN 978-7-5207-2804-1
定　　价：49.00 元
发行电话：（010）85924663　85924644　85924641

版权所有，违者必究
如有印装质量问题，我社负责调换，请拨打电话：（010）85924602　85924603

前 / 言

    "在当代日本，谁是最具代表性的企业家？"当被问及该问题时，大家首先想到的是谁呢？

    恐怕大多数人脑中会浮现"稻盛和夫"这个名字。稻盛和夫白手起家创立京瓷，又将 KDDI 做大做强为超绩优企业，还挽救了一度濒临破产的日本航空。这般经营手腕，简直如"世界级遗产"一样珍贵。稻盛的经营哲学，其实在全世界皆有广泛的信奉者，尤其以中国为甚。他和已故的松下幸之助一样，被人们赞誉为"经营之圣"，可谓美名远扬。

    那么，除稻盛和夫外，还有谁有资格被称为"当代日本最具代表性的企业家"呢？多数人说出的名字，大概不外乎日本电产株式会社（Nidec Corporation）的永守重信、迅销集团（FAST RETAILING）的柳井正以及软银集团（Softbank）的孙正义。他们皆是成功让自身企业实现数 10 倍（升位）的非连续性数量级成长的企业家。

    不过对于孙正义，与其称他为企业家，不如称其为"难得一见的奇才投资家"。这么一来，永守和柳井便成了有力的候补人选。纵观这二人，皆是由于"不向世间常识妥协"而在日本被冠以"怪人"之名的人物，同时，《哈佛商业评论》每年发布的以"企业业绩增长率和可持续发展性"为判断基准的"全球顶级 100 位 CEO"排行榜上，他俩都是为数不多的每年皆上榜的日本企业家。

本书我将稻盛和夫和永守重信作为考察对象。因为二人都以京都为大本营，同时又活跃于世界舞台；都在多个 B2B 领域拥有全球顶尖的市场份额，并着眼于未来创造，不仅限于自身企业内部，还广泛传播相关思想……总之，此二人的共通点较多较广。

比如，在将思想"语言化"方面，二人皆拥有异于常人的能力和能量。且这种能力并非仅仅是"教科书式"的归纳总结，而是以自身独特的语言，达到了"鲜活、接地气"的效果，因此才能够打动人心。无论古今东西，凡是有名的企业家，松下幸之助也好，史蒂夫·乔布斯也好，柳井正也好……他们皆有这方面的才能。

而稻盛和永守则把这种"语言化"能力，最终精炼为自己独有的经营哲学和经营手法。稻盛总结出了"哲学"和"阿米巴经营"，而永守总结出了"3 大精神"和"3 大经营手法"。至于个中详细内容，我会在后面章节予以详述。

而随着对二人上述思想和手法的进一步考察和理解，便愈发惊觉二者在"企业经营模式"方面的本质是高度重合的。鉴于此，本书将二者的经营模式统称为"盛守经营"。

具体地讲，盛守经营存在以下 3 大共通点：

其一，皆以志向（Purpose）为起点。稻盛称之为大义，永守称之为梦想（Dream）。对于这种基于志向的企业经营，我称之为"志本经营（Purposism）"（即以志为本的经营。——译者注）。

其二，皆树立了着眼于30年、50年后的长期目标，但同时也执着于短期成果的取得。我称之为"远近复眼经营"。

其三，皆致力于打动人心、提升人的主观能动性。稻盛主张"能力要用将来进行时"，永守认为"EQ比IQ重要"。而二人还异口同声地强调"热情、热忱、执着"的巨大能量。我称之为"学习优势的经营"。

对于由这三要素所构成的企业经营模式，本书称之为"MORI"模式。M是Mindful（重视志向）、O和R分别是Objective-driven（目标驱动）和Results-oriented（结果导向）、I是Inspire（激励打动）的首字母。

不仅如此，盛守经营还是与新冠肺炎疫情后的新世界相适应的经营模式。

如今，SDGs（可持续发展目标，Sustainable Development Goals的缩写）可谓风头正劲。该"面向可持续性社会"的目标议程由联合国提出，其内容不但有权威加持，且言之凿凿，但其归根结底只是2030年的目标而已。且若盲目无谋地着手实行，则会耗费大量成本和资金，最终会侵蚀企业利益。加上新冠肺炎疫情对经济的现实打击，最终会让众多企业自身的持续生存出现问题，又何来"可持续性社会"一说？

鉴于此，我提出面向 2050 年的新 SDGs。在该新 SDGs 中，"S" 依然意为 "可持续的（Sustainable）"，但联合国既有的 SDGs 只包含 17 张卡（这里指 "联合国改变世界的 17 个目标"，它们是：① 无贫穷，② 零饥饿，③ 良好健康与福祉，④ 优质教育，⑤ 性别平等，⑥ 清洁饮水和卫生设施，⑦ 经济适用的清洁能源，⑧ 体面工作和经济增长，⑨ 产业、创新和基础设施，⑩ 减少不平等，⑪ 可持续城市和社区，⑫ 负责任消费和生产，⑬ 气候行动，⑭ 水下生物，⑮ 陆地生物，⑯ 和平、正义和强大机构，⑰ 促进目标实现的伙伴关系。——译者注），而新 SDGs 还要求 "第 18 张卡"，那就是 "各企业自有的原创思想"。

至于 "D"，则指 "数字化"。如今，数字化转型（Digital Transformation，简称 "DX"）已是一大热潮。但数字化本身只是普遍的工具而已，关键在 X（转型），即以数字化为工具，实现企业经营的变革（转型）。

"G" 指 "全球多极化（Globals）"。当前，新冠肺炎疫情及中美贸易摩擦等课题正导致全球趋于 "分断分隔"。但为了地球全体的可持续发展，人类必须将多极化的世界进行再次整合。

而将上述 "新 SDGs" 作为切入点时，盛守经营模式的先进性愈发凸显。京瓷也好，日本电产也好，自创立伊始，它们便是绿色革命和数字革命的领头羊，且是全球范围内 "不可或缺" 的企业。

再说回该 "新 SDGs"，其核心是 "志向"。而这亦是盛守经营的原点所在。所以说，盛守经营可谓"21世纪型企业经营"的典范。

本书由下面两大部分构成。

在第1部分，我会聚焦于稻盛和永守作为领导的特质，从而推导归纳出二人职业生涯和领导风格的特征等，尤其是共通之处。

在第2部分，我会考察分析稻盛经营和永守经营的本质，并通过前面提到的MORI模式，对二者的共通点进行验证。而在最终章，我会通过前述的"新SDGs"框架，来探讨盛守经营的未来目标。

对于本书中提及的诸人物，我皆敬重不已，但作为精简内容和表达等的权宜之计，故省略一切敬称，还望谅解。

新冠肺炎疫情后的世界，要求人类以"可持续性社会"为目标，提出并实践新模式。而我相信，在摸索和开拓与该未来相适应的企业经营模式时，稻盛所提倡的"利他心"和永守所提倡的"打动人的经营"，会成为大有裨益的指南。

众日企若皆能理解并实践稻盛和永守所崇尚的"志本经营"，并以此向世界做出表率，则必能亲手开启拥抱新常态的大门。而我由衷希望越来越多的日本人能察觉这种可能性，并积极言志、勇于实践，向世界发出自己的声音。

名和高司

2021年7月，于京都岚山

目 / 录

第一部分
两大领导人物

第一章
条件

1 ▶ 9

第二部分
解明盛守经营

第四章
阿米巴经营的本质

①▶⑩

第五章
永守战略的真髓

❶ ▶ ⑪

第六章
盛守模式的共通之处

❶ ▶ ❼

第一部分

两大领导人物

第一章
CHAPTER 01

条件

发祥于京都的世界级企业

京都是日本的古都，因神社佛寺而享誉世界。在新冠肺炎肆虐的 2020 年秋，美国的知名旅行杂志《悦游旅行》开展了一项读者问卷调查，主题是"世界大城市魅力排行"，结果京都夺冠。

但或许很少有人知道，京都还是个名企辈出之地。发祥于京都的世界级企业可不少，包括京瓷、日本电产、村田制作所、任天堂、欧姆龙、罗姆半导体、岛津制作所、堀场制作所、华歌尔等。

与中京地区（以爱知县名古屋市为中心的都市圈。——译者注）那种围绕造车行业而发展起来的大型城邑有所不同，京都的企业涉及各行各业，且发展形态各异，其原因何在呢？

关于该问题，堀场制作所的会长兼集团 CEO 堀场厚所著的《京都企业为什么敢于创新且业绩优良》一书极具参考价值。他在该书中指出，京都企业的独创精神始于室町时代的"工匠文化"，其代代传承，在京都扎根。该文化包含如下 4 大特征：

①不模仿他人；

②重视"不可见之物"；

③不做"止于一代的买卖"，基于"代代传承"的长远思想；

④基于"循环与平衡"的思想。

京都出生的生态学家今西锦司闻名于世，他的栖所分离理论

（一种生物界的生态现象，指在同一场所栖息的不同种生物群，其彼此之间会避免生存冲突和竞争，从而以一种"分而栖之"的模式生存繁衍。——译者注）是一座学界高峰。

当一众日企在"失去的30年"中彷徨时，上述京都企业却开辟了属于自己的道路，不断发展。这些京都的优质企业对"美式资本主义"敬而远之，从而避免了被毒害，实现了持续成长。对于"何为理想的次世代经营模式"，这些企业也为我们指出了明路。

纵观京都企业的销售额，截至2020年年末，日本电产、京瓷、村田制作所这3家雄踞三甲。它们的年度销售额均接近2兆日元。因此它们被誉为"京都御三家"。

随便提一下，在京都的"企业高楼排行"中，上述3家企业的总部大楼亦雄踞三甲。出于保护历史景观的考虑，政府对京都的建筑物高度有所限制，但这3家企业的总部大楼位于南部的工厂地区，因此算是例外。

它们皆以B2B业务为主，所以与任天堂和华歌尔相比，它们在大众消费者中的知名度或许没有那么高。但对于诸如苹果、三星电子等世界顶级的高科技企业而言，它们可谓是最被熟知的日企。

尤其是京瓷和日本电产，其企业本身自不必说，而其创始人的言行亦受到全世界的瞩目。稻盛和夫和永守重信不仅是京都的企业家代表，还是当代日本的企业家代表。同时也是本书的主角。

关注"不变"——二人的共通点

对于稻盛和夫，已经无须多做介绍。他既是京瓷和第二电电（组成 KDDI 的前身企业之一）的创始人，也是实现"日航浴火重生"的传奇人物。且他的影响力不止于相关企业内，其提出的经营哲学和人生哲学等思想，可谓广为人知。

他著书颇多，包括 3 册代表性畅销书——《活法》《干法》《心：稻盛和夫的一生嘱托》，共著书 42 册。若再算上与他人共著之书，则共计将近 60 册。此外，1983 年，一批仰慕稻盛的骨干企业及中小企业的年轻经营者聚在一起，接受稻盛的教导，这便是"盛和塾"这一"自主学习道场"的原点。而该盛和塾在 2019 年末解散时，全世界的分支机构已超 100 家，塾生人数已达 15000 人。稻盛平成"经营之圣"的赞誉，可谓实至名归。

他的思想在海外也是声名远播，尤其在中国收获了一大批拥趸。截至 2020 年年末，他的中文版著作的累计销量已突破 2000 万本。此外，中国的盛和塾多达 37 所，其塾生共计 7000 人。而在稻盛宣布解散盛和塾后，作为中国分部的各塾依然在持续开展活动。据说，就连阿里巴巴创始人马云和华为 CEO 任正非等中国的大佬级企业家，亦对稻盛表示钦佩。可见，他和松下幸之助并肩成为中国企业家最为尊敬的两位日本企业家。

再说永守重信，作为当代"个人魅力出众的企业经营者"代表，他也是美名远扬。他于 1973 年创立了日本电产，在过去的50 年间，其已然成为成长速度最快的日企。而其中最为人津津乐道的，则要数成功并购（M&A，Mergers and Acquisitions）60 多家国内外企业的壮举。其中包括已然被外界"判了死刑"的"无望企业"，却通过永守的治理，在"不裁员精简 1 人"的条件下，1 年内便起死回生。对此，人们称之为"永守的魔力"。

创立后不久，日本电产便碰上了石油危机，而后经历了日本经济泡沫破灭、雷曼事件、泰国大洪水、东日本大地震，再到如今的新冠肺炎疫情。每次遭遇危机，日本电产都能化危机为机遇，实现非连续性数量级的成长。该企业这种一次次的求变、革新和新貌，可谓永守心境的体现——他经常把尼采的名言"蛇若不蜕皮，就唯有等死"挂在嘴边，可见这句话是鞭策他自己的动力之源。

永守也是著书很多，包括《要学会打动人！》和《热情、热忱、执着的经营》等畅销书。此外，他还在世界企业家大会等场合，发表自己的"永守语录"。其中诸如"第一名之外的皆属垫底""干事业要豁出性命"之类的"斯巴达发言"常常招来误会。但也正是这种"不为潮流和世人眼光所左右"的直言不讳风格，打动了许多商界人士的心。

稻盛和永守有不少共通点。其中之一是"贯彻自己明确的哲学"。且这样的哲学不止于企业经营论范畴，而是延伸且扎根于人生论。对于其中之精髓，我会在本书中予以详解。

而二人的卓越之处在于，并不将各自独有的哲学仅仅传播至公司内，而是超越了员工，超越了企业，向整个社会呼吁和发声。他们这种"紧抓人心"的传播力，甚至超越了哲学范畴，简直可谓一种"宗教"了。

稻盛曾说："信任自己的人增加了，赚得的钱自然会更多。"（《提高心性 拓展经营》）赚钱这个词的汉字为"儲"（赚在日语中的汉字为"儲"。——译者注），这个字左右拆开就是"信"和"者"，即"信任的人"。员工信任自己，客户信任自己，进而让整个社会都信任自己，便能赚钱得财。这正与古代毗邻京都的近江国（现在的滋贺县一带。——译者注）的商人的营商铁则——"三方皆利"如出一辙。

而纵观当下日本的企业经营者，不少都对欧美的经营模式和所谓"热门经营手法"趋之若鹜。前不久是DX（数字化转型）和企业治理（Governance）改革，最近又是二元性经营和绿色革命。这种"外来和尚"的热炒概念，就如流行全球的疫病（Pandemic）一般，席卷整个商界。而这种"世界标准（Global Standard）"病，恰恰是造成日企在过去30年间丧失主见、随波逐流的原因。关于该方面的详细论述，请参考拙著《经营改革大全——毁掉企业的100个误解》。

反观稻盛和永守，对于这种浮躁的风潮，他们始终不为所动。有句话叫"不变与潮流"，而他俩正是看准"不变"，同时又早早就抓住"潮流"背后真正本质的人。

这种基于"不动摇的信念"的经营思想，正是稻盛和永守在企业经营活动方面的优势的本质。

位于深层的佛教思想

说到宗教，京都正可谓日本的宗教圣地。而这两位企业经营的"教祖"同为京都人，也绝非单纯出于偶然。

稻盛皈依佛门之举，也是他被世人广为知晓的原因之一。1997年，他得度于京都圆福寺（临济宗妙心寺派）。临济宗是五大禅宗之一，其最为重视坐禅。这也是盛和塾经常开展清早坐禅活动的原因之一。

稻盛与宗教的善缘深厚，在他自身对前半生的回顾中，亲自透露了数个相关的故事。

其一，稻盛家里代代信奉净土真宗的西本愿寺派。在他在鹿儿岛度过的孩提时代，父亲曾带他去参加"隐蔽念佛"（稻盛和夫年幼时，他的父亲晚上带他去寺庙结缘，当地的这种传统被称为"隐蔽念佛"。——译者注）活动，由此结下佛缘。稻盛至今依然坚持着"南无，南无，谢谢！"的感恩念诵。

其二，稻盛少年时代曾患上肺结核，有一段卧病在床的日子。当时，因机缘而得生长之家（一种结合了佛教、日本神教等宗教和心理学思想的融合性新宗教团体。——译者注）的教典

《生命的真相》一书，书中的一句话——"我们的心中，有着吸引苦难的磁石"对他触动极大。

其三，从京瓷创立伊始便多方出力的贵人——宫木电机制作所的西枝一江（时任常务）把西片担雪法师引见给了稻盛。从那之后，但凡有经营方面的困惑和难题，稻盛都会去拜访西片担雪法师。而据稻盛本人回忆，他每次都会接受类似"禅问答"的教诲，并因此得以振作，最终克服困难。而正如前述，在65岁时，稻盛得度于属临济宗妙心寺派的圆福寺，而该寺当时的长老便是西片担雪法师。

稻盛哲学蕴含了各种佛教教义。比如在他所著的《活法》中，他道明了自己哲学的原点是释尊为了开悟而开示的菩萨道心法——"六波罗蜜"。所谓六波罗蜜，是指布施、持戒、精进、忍辱、禅定、智慧这6项修行。

上述修行中，在日常生活中最易实践的基本法门，则要数第3项"精进"了。所谓精进，即不惜付出努力，拼命工作或劳动。这催生了"重拾勤勉的自豪感"的劳动观。这与如今喧嚣尘上的"工作方式改革"的"迷之思维"截然对立。关于这一点，我会在后面的章节进一步深挖。

而上述6项修行中，作为稻盛哲学基干的，则要数第1项"布施"了。布施即施予他人，也就是利他行为。在《活法》一书中，稻盛阐述道："经营好企业，我们内心一定要具备'为世人为社会'尽力的美好的意识。""把单纯的私欲提升到追求公益的

'大欲'的层次上。这种利他的精神最终仍会惠及自己，扩大自己的利益。"

而在过了知天命之年后，在计划创立第二电电时，他不断自问是否"动机至善，私心了无"的故事，是被商界熟知的佳话之一。当时，"为了帮日本国民把长途电话费降下来"是推动他下决心的大义所在。

而在接近杖朝之年时，时任首相的鸠山由纪夫亲自拜托稻盛出山拯救日航。这起初让稻盛烦恼不已，但他在自问自答后，对于"日航实现重生的益处"得出了3大结论：（1）能够避免（日航）二次破产对日本整体经济的恶劣影响；（2）能够保住剩下的这部分员工的工作岗位；（3）能够维持健康的行业竞争，从而确保日本民航的便利性。在悟到这3项大义后，他便不再犹豫。于是在不领取1分日元报酬的情况下，稻盛为日航付出了3年的心血和努力，最终成功使其浴火重生。这正可谓利他之举的典范。

每日精进

再说回永守，虽然不像稻盛那样为人所知，但其实他也与宗教善缘颇深。此处介绍几个相关的小故事。

每个月，永守都会去参拜位于京都八濑的九头龙大社。据他本人说，他笃信该神社神主的赠言和那里的求签，自己好几次都因此逢凶化吉、渡过难关。在自己的博客中，永守如此写道：

"（每次到了九头龙大社），我都会一边念诵自己的愿望，一边绕着大殿转 9 圈，这是我所遵循的仪式。但我从不许'请保佑日本电产业绩兴旺'之类的愿望。我只是站在神龛前，平复心境，默念自己当时的决心而已。企业经营者的大敌莫过于刚愎自用和傲慢自大。既然周围很难有人指出你的错误，那你就唯有自律自戒。这每月一次的晨间参拜，我相信神灵必定看在眼里，因此对我而言，是非常重要的时刻。"

永守案头常备的"宝书"是中村天风的《实现成功》。中村天风通过在印度修行瑜伽而开悟，之后创立了"天风会"，成了传授"心身统一法"的思想家。虽然他不太被普通大众所知，但不少政治家和运动员是其拥趸。包括松下幸之助以及本书的另一位主角稻盛和夫，皆对中村天风表示钦佩和敬仰。

最初是永守认识的一位注册会计师送了此书给他，从此永守把它作为经营宝典，反复熟读。而在报刊《日本经济新闻》的"企业领导的书架"栏目中，永守介绍道："天风先生的教诲让我确信，凡事绝对不可放弃，一切皆由心境所定。即心态是一切的基石。"（2011 年 10 月 30 日刊）

还有一个有关"念佛百回"的小故事，也十分给人以启示。和稻盛一样，在创业初期，永守也常常不得不攻克客户布置的无理难题。比如"能否让马达的厚度减半，但仍拥有同样的输出功率？如果能做到，整笔订单都给你"。而公司的技术员一开始就打退堂鼓——"这不可能做到的"。对此，永守说道："我现在要念 100 遍'能做到，能做到'，你也和我一起念！"

"（如此）念了 100 遍后，员工说'社长，我好像真感觉能做到了'。这让我悟到，要做成划时代的大事，就必须这样。"（日本 PRESIDENT Online 网站，2008 年 12 月 29 日稿）

如念佛般反复念诵，实现自我暗示。这便是"热情、热忱、执着的经营"的秘诀所在。

"只要念佛，人人可往生"是净土宗教祖法然上人的主张。而其弟子亲鸾圣人更是将这一教义进一步发扬，提出了"若信阿弥陀佛之搭救，则善恶之人皆可往生"之说。他还娶妻生子，以实际行动表明"即便非修行僧，即便只是普通世俗之人，也能通过念佛得解脱"。这种极为现实的方便之法，与永守的经营思想颇有共通之处。

"全球经营大学"是日本电产培养干部的摇篮，而在相关培训课程中，必定有 1 天是禅学课程。而该授课在妙心寺退藏院进行。没错，该寺院与稻盛得度的圆福寺同属妙心寺派。接受培训的学员在那里体验坐禅，同时还会接受松山大耕禅师的英语禅学授课。

松山禅师在修完东京大学研究生院的农学生命科学研究专业的课程后，开始了钻研禅学的修行生活，并年纪轻轻便当上了退藏院的副住持，同时历任观光厅（旅游局）的日本观光大使、京都市的京都观光亲善大使等职。他还出席世界经济年度论坛（达沃斯会议）等大型会议，不断在各种重要场合向世界宣传日本的思想和文化。从这一点来看，他与永守一样，同为活跃于世界舞台的人物，只不过松山禅师的身份是宗教家。

进入 21 世纪，正念认知学（Mindfulness）终于逐渐成为新潮流，并润物无声地在全球传播开来。通过冥想，将心念集中于"当下"，从而接近"心无挂碍"的境界，进而提升自身的创造性。

而正念认知学的"核心圣地"，便是京都。发祥于印度的禅学，由中国传入日本，在日本被精炼为"完成形态"。海外的不少企业经营者都对京都心驰神往，有的人在百忙之中抽出时间，造访京都的禅寺。对于京都的这种正念认知文化，大多数日本的企业经营者反而不甚知晓，其实它可谓日本的世界遗产。

而稻盛和永守的思想流派，也和正念认知学一样，在深深扎根京都的同时，又在全世界润物无声地传播宣扬。随着"资本主义未来在何方"的课题逐渐被人重视，京都以及以京都为起点的这两位企业家，便愈发成为全世界瞩目的焦点。

从研究到实学

京都乃学问之都。尤其是京都大学，从旧制第三高等学校（京都大学的前身。——译者注）时代起，就因"自由阔达"的校风而有名。在科学界，该校也是英才辈出。从以前的汤川秀树、朝永振一郎，到本世纪的山中伸弥、本庶佑，皆是诺贝尔奖获奖者。

而在哲学界，该校也培养出了多名个性鲜明的哲学界人士，其中的代表人物是西田几多郎、田边元、和辻哲郎等。这些被称为"京都学派人士"的学者，在吸收西洋哲学的同时，也在努力摸索将其与东方哲学及日本古代哲学相融合的道路。

在如此人才济济的京都，稻盛慷慨解囊，个人出资200亿日元，于1984年设立了"京都奖"。到目前为止，有8名京都奖的获奖者日后也获得了诺贝尔奖，因此它也被人称为"诺贝尔奖的风向标"。上述的本庶佑和山中伸弥等人皆是如此。

京都奖分为3大类，它们是"尖端技术类"、"基础科学类"和"思想·艺术类"。其中的第3类是它与诺贝尔奖的最大区别。该类别蕴含了稻盛的强烈愿望——"通过平衡科学文明的发展与人类精神的升华，从而为未来的进步做贡献"。获得该奖项的外国哲学家有美国的卡尔·波普尔、法国的保罗·利科、德国的尤尔根·哈贝马斯等。至于获奖的日本人，则包括黑泽明（日本知名电影导演、编剧、制片人。——译者注）、安藤忠雄（日本著名建筑师。——译者注）、三宅一生（日本著名服装设计师。——译者注）、坂东玉三郎（日本国宝级歌舞伎大师。——译者注）等。

要想解读稻盛哲学，他与梅原猛共著的对谈集《对话稻盛和夫：向哲学回归》可谓极具启发性。梅原是属于"新京都派"的思想家之一。但哪怕在该流派中，他也属于"异端中的异端"。其言行令他的母校京都大学都感到棘手，这也使他没有机会在京都大学任教或讲课。不过他历任造物大学校长、京都市立艺术大学校长、国际日本文化研究所所长等职，并一直致力于提倡其独创的"梅原日本学"思想。

而在上述对谈集中，梅原把他自己和稻盛定义为"知性野人"。对于被欲望支配的现代文明，二人皆敲响了警钟，并着力强调以"森林宗教"（共生观）和"利他的精神"（佛教观）为主轴的"心灵教育"的必要性。

对谈中，梅原还建议稻盛"不如干脆自己创办一所大学"。

梅原的理由是"由具备哲学理念的人来兴办新型学校，这不仅对日本，同时对全世界都具有重要意义"。

超越京大

永守亦类似，他对"象牙塔"中的纯理论思辨研究毫无兴趣。与之相对，对于能将研究成果应用于现实世界的实学，他则极为关心和执着。以永守担任理事长的永守财团为例，其在运营"永守奖"项目。该奖旨在表彰在马达、发电机以及驱动器等电机周边领域的技术成果。

而最值得一提的，则要数他自身慷慨解囊投入100多亿日元所建立的京都先端科学大学（KUAS）。他先是收购拥有50年历史的京都学园大学，然后通过改革，使其焕然一新，并于2019年正式开学。这位M&A以及改革的专家，终于对学校教育领域"出手"了。梅原猛的期望，想不到居然被"实践哲学的旗手"——永守实现了。

2020年，该校新设了工学系。永守还计划在2022年在校内成立商学院。永守还豪言壮语道："到了2025年，我打算让它（京都先端科学大学）在全球大学排名中超越'关关同立'四校（关西学院大学、关西大学、同志社大学、立命馆大学），之后再超越京大，并且未来有一天甚至会超越美国哈佛大学和英国剑桥大学。"（商业杂志《日经Business》，2020年11月10日刊）

永守还说："唯执教者拥有一流思想，大学才能成为一流大学"，因此他请到了历任东京大学理事兼副校长、日本电产生产技术研究所所长的前田正史教授担任校长，请到了曾任京都大学副校长的德贺芳弘教授担任经济经营系主任，还请到了京都大学的田畑修教授担任工学系主任。至于工学系的教员，永守则从全世界招聘。招来的21名教员中，有1/3出生于海外。且所有授课都是全程英语。如此一来，自入学伊始，学校便为学员打造了"彻底磨砺实战英语"的有利环境。

永守把教育视为其自身应该发挥的重要作用之一。他指出，如今日本的大学院校或许在履行"教"的职责，却完全忽视了"育"的实践。因为他深切感受到，那些毕业于一流大学的高才生所学的东西，在经营、业务等具体工作中派不上用场。鉴于此，他才下定决心，让自己这个企业经营专家担任理事长，在京都建起一个致力于实践教育的世界级学府机构。

另一方面，他还倾力于有助于实践应用的研究项目。为此，他在校内成立了"永守驱动器研究所"，启动了机器人学、材料科学、纳米工学等世界尖端的技术研究项目。对此，他的理由是"开展诺贝尔奖级别科研项目的大学，势必能吸引优秀的学员和教员加入"。（日本 PRESIDENTOnline 网站，2020 年 4 月 17 日稿）

一直被誉为"学问之都"的京都，正在作为"实学之都"，吸引全世界的热切关注。

不老的社会

说起发祥于京都的尖端实学，则要数对 iPS 细胞（Induced pluripotent stem cells，诱导性多能干细胞）的研究了。京都大学的山中伸弥教授于 2012 年获得诺贝尔奖。这是在他获得前述的京都奖的两年后。山中教授所率领的京都大学 iPS 细胞研究所，正可谓该领域的"世界中心"。

但很少有人知道，山中最初是一位临床医生。在转为研究者后，他依然心系患者，把以"治病救人、促进健康"为目的的 iPS 细胞临床实践应用视为首要目标。

而他在获得诺贝尔奖的两年后，在京都奖 30 周年纪念对谈会上，与稻盛和夫进行了面对面的交流。该对谈集后来成书，书名为《匠人匠心：愚直的坚持》。在该对谈中，二人相互阐述了自己的前半生轨迹和哲学思想。经营与医学，这二者看似相异，但他俩在自己的领域"追求极致和本源"的精神，可谓完美地同步贴合。

山中的座右铭是"VW"，即 Vision&Work hard（梦想远见 & 努力勤奋），他说这是在赴美留学时期，自己从恩师那里学到的箴言。

对此，山中还进一步阐释道："明确目的，拼命努力。这听起来简单，做起来却很难。""当时我自认在努力勤奋（W）方面不亚于任何人，也能明确眼前的目标。但在努力过程中，突然惊觉自己迷失了长期愿景。从那之后，我便将这恩师的箴言铭刻于心。而刚才听了（稻盛先生的）一番话，我觉得京瓷之所以取得成功，正是因为完全做到了'VW'。"

此外，在上述对谈中，对于山中"iPS 细胞的实用化能延长人类寿命"的蓝图，稻盛问道："这难道不会使老龄化社会问题失控吗？"对此，山中答道："若能延长人的健康寿命，增加精神矍铄的高龄者，即便步入花甲之年，也能规划自己人生的第二春。"

65 岁得度、78 岁拯救日航的稻盛本人，正可谓山中口中的"精神矍铄的高龄者"的典型。Work hard（努力勤奋）似乎是其长寿的秘诀。当然，还必须有使努力过程充满乐趣的 Vision（梦想远见）。

活到 125

而说到"VW"经营，则与永守的经营思想如出一辙。他一直强调"目标高远，志在顶峰"，并坚信凭借"智慧型奋斗"，必能实现目标。如此持之以恒的努力，正是日本电产实现指数函数级成长的原动力。

而永守本人也受到了来自山中的各种激励和启发。比如山中认为"通过利用 iPS 细胞的修复再生医疗，十几年后，或许便能战胜绝大多数疾病，从而使日本人的平均寿命延长至 120 岁左右"。而在哈佛大学教授大卫·辛克莱所著的全球畅销书《我们不必变老》中，作者也介绍了被称为"山中因子"的 iPS 细胞 3 大因子，并指出，根据研究结果，该 3 大因子具备"通过重启来消除老化"的功能。

对此，永守曾说道："假如这能成真，或许我还能再活 50 年。""也正因为有如此的期许，我在迈入高龄的 2019 年，制订了下一个 50 年计划。"

虽然一直知道"长期愿景"是永守经营的本色所在，但在得知他上述这番话时，我还是惊叹不已。

而除教育领域外，永守对医疗事业的贡献亦是不遗余力。2017 年，他亲自慷慨解囊 70 亿日元左右，在京都府立医科大学设立了"永守尖端癌症治疗研究中心"，这是致力于质子放疗的尖端机构。据介绍，鉴于京都作为"知名旅游城市"的优势，永守计划打"旅游休养医疗"牌，从而实现差异化竞争。

时任京都知事（相当于市长。——译者注）的山田启二等不少名流都出席了上述癌症治疗研究中心的竣工仪式。在该仪式上，永守致辞道："在我创业之初遭遇资金瓶颈时，是京都的各机关团体予以了援助；在我们公司发展过程中，也承蒙京都各方有识之士的关爱和照顾，因此我作为土生土长的京都人，希望为家乡尽一份绵薄之力。"

不仅如此，永守还计划于2030年在京都先端科学大学设立医学系。以实现抗老化（Anti-aging）社会为目标，永守广阔无垠的梦想依然不灭。

新一代的"日本人代表"

内村鉴三的《代表的日本人》、冈仓天心的《茶之书》和新渡户稻造的《武士道》，是用英语写的、介绍日本人及日本文化的名著。而在《代表的日本人》一书中，以西洋人为读者对象，介绍了5位日本人中的代表人物，他们是西乡隆盛、上杉鹰山、二宫尊德、中江藤树、日莲。

据说稻盛也爱读此书，甚至狂热到自己出版此书日文译本的程度。尤其是书中介绍的西乡隆盛，作为同样生于鹿儿岛的老乡，稻盛对他最为敬仰。稻盛曾在《稻盛和夫的哲学》中写道："西乡充溢着义和情，他是我心目中偶像式的人物。"不仅如此，稻盛还把西乡主张的"敬天爱人"作为座右铭，甚至还出版了《敬天爱人》一书。

而另一位和西乡同为萨摩原住民的大久保利通，也是稻盛在"实现大义"方面的宗师级人物。

"虽然西乡式的情义在我心中占据中心地位，但是，经营事业却必须具备大久保利通的理性和冷峻。"（《稻盛和夫的哲学》）

这种平衡感，正是稻盛哲学的精髓所在。关于这一点，我会在本书中抽丝剥茧地予以阐明。

此外，二宫尊德亦是不少企业经营者所敬爱的人物，而稻盛亦是其中之一。他把石田梅岩和二宫尊德统称为"在江户时代奠定了日本经营模式基础之先驱"。尤其是二宫尊德的思想，其强调"人通过劳动'修心'"的重要性。在稻盛看来，该劳动观的丧失，正是大量日企步入衰退的真正原因之一。关于这一点，我会在后面的章节进行详细分析。

那么，谁是近代日本最具代表性的企业家呢？

谈及"日本资本主义之父"，就不得不提涩泽荣一（涩泽荣一出身于富农家庭，早年参加尊王攘夷运动，1868 年创立日本第一家银行和贸易公司，之后又创办大阪纺织公司，成为日本实业界的霸主。——译者注）。他一开始便与盎格鲁-撒克逊模式（盎格鲁-撒克逊模式是一种资本主义经济模式。——译者注）划清界限，提出了"合本主义"，其可谓今日"公益"资本主义的源流。

　　而在昭和时代，日本企业家人才济济。而若说其中之翘楚当数松下幸之助，大家应该都会一致表示赞同。而在日本经济下滑的平成时代，在为数不多的杰出企业家中，若把稻盛和夫作为其中的优秀典型，恐怕也无人会有异议吧。

　　那么到了令和时代，谁又是最具代表性的企业家呢？在这个 VUCA 时代 [VUCA 是 Volatility（易变性）、Uncertainty（不确定性）、Complexity（复杂性）和 Ambiguity（模糊性）这四个英文单词的首字母。——译者注]，一切充满了不确定性，预见未来变得较为困难。而在该大环境下，说到"受全世界瞩目的企业家"，则不得不提永守重信、柳井正、孙正义这 3 人。

　　顺便说一下，此 3 人在坊间被大众称为"吹牛三兄弟"，因为他们常常提出看似荒唐无稽的宏大畅想。但同时，他们认真对待目标、拼命致力实现的精神，也博得了大众的口碑。永守曾说："吹牛不是胡说，也不是撒谎。能让梦成真，才算得上创业者和企业家。"

　　稻盛和永守，二人都是以京都为根据地的"特色"企业家。稻盛讲大义，永守谈志向；稻盛提倡利他，永守强调执着。在某种视角上，甚至会感觉他俩简直是"对立的存在"。

　　但只要审视和分析他俩的前半生，就会发现二者的轨迹其实颇为相似。而二者的经营哲学亦是如此——解读后会发现，二者有不少惊人的共通之处。

　　在本书第 2 章，我会对二人的前半生进行走马观花般的回顾。

而在第 3 章，我则会提取出二人的"企业经营精髓"。我相信，通过此举，能够理清何为新一代的"日本企业家代表"。

第二章
CHAPTER 02

轨迹

① ▶ ⑫

母亲的教诲

关于稻盛的前半生，在其本人所著的《稻盛和夫自传》中有生动的描写。至于永守的前半生，在前述的《热情、热忱、执着的经营》等书中，亦有相关记述。

1932 年出生的稻盛和 1944 年出生的永守，二人刚好差一轮。而他俩的成长经历又有许多类似甚至重合之处，不禁令人称奇。比如都出身贫寒，小时候都是孩子王，都历经苦学后才毕业。

此外，母亲都在他俩的人格形成过程中起到了重要作用，这可谓二人最大的共通点。

先说稻盛，他生于鹿儿岛市药师町（如今的鹿儿岛市城西町），家中共有 7 个兄弟姐妹，而他是家中的二儿子。其父畩市曾经营一家印刷厂，但工厂在战火中付之一炬，之后父亲畩市便意志消沉，全靠母亲纪美撑起这个家。

据说在幼时，稻盛是个撒娇的爱哭鬼，这样的孩子在鹿儿岛方言中叫作"娇气佬"。他当时整日抓着母亲和服的裙摆不放，且整日跟在母亲的屁股后面。而在少年时代，他变得淘气顽皮，经常和同学、伙伴们打打闹闹。有时因为打架输了而哭哭啼啼回到家，他母亲见状，会对他说："如果觉得自己正确（而感到委屈），就去再打回来！"然后赶他出去，促使他自己去"讨回公道"。

而这样的母亲，使稻盛学到了"把'作为人，何谓正确？'作为判断基准"的活法。稻盛还说，小时候母亲经常如此告诫他——"即便独自一人，无人看见，也要记住'神佛注视着你的一举一动'。当陷入迷茫、不知所措时，要提醒自己'神灵在上，神灵在上'。"（《稻盛和夫：母亲的教诲改变我的一生》）

而在前面介绍的与山中伸弥的对谈中，稻盛还坦言道："我已经82岁了，可其实这几年来，我每天都会下意识地念叨'妈妈'二字。"

"最近，不管是辛劳还是开心时，我都会不自觉地念叨'妈妈'。（中略）我所念叨的'妈妈'，与其说特指我的生母，不如说包括自然、宇宙以及全知全能的神灵。（中略）不过这的确也体现了母亲在我心中所占的重要位置。"（《匠人匠心：愚直的坚持》）

三岁看到老

再说永守，他生于京都府向日市的一户农家，是家中6个兄弟姐妹中最小的一个。中学时父亲亡故，全靠母亲多美的拼命劳动，才维持住了一家的生计。对此，永守后来回忆道："母亲比谁起得都早，干活儿时间比谁都长。"

对他而言，母亲给予的最大教诲是"绝不可妄图轻松赚钱"。

永守还曾坦言道："日本电产的企业纲领——'热情、热忱、执着''智慧型奋斗''立刻就干！一定要干！干到成功！'，其实皆源于母亲的教诲。没有母亲，就没有该纲领。"（日本东洋经济Online 网站　2011 年 3 月 2 日 ~ 4 日稿）

日本电产总部大楼是京都最高的楼宇，而社长办公室在第 20层。从该办公室东侧的窗户，便能望见永守母亲的坟墓。据永守说，直至今日，他坐在办公室，有时似乎依然能听见母亲的声音——"你有在付出几倍于常人的努力吗？"

"有时我感到身体不适，打算早点儿下班回家，结果仿佛又听到母亲的声音——'（这么早）就要回去了？'。如今有电子邮件这样的联系工具，在家亦能处理事务。要想借口偷懒，除非切断所有与外部的联系，彻底做到'音信不通'。"（出处同前）

俗话说"三岁看到老"，而稻盛和永守的人生哲学，也的确受到了来自母亲的深刻影响。而且这并非仅限于他俩的特例，在《母亲的教诲》一书中，介绍了稻盛、永守，以及志太勤（SHIDAX CORPORATION 董事兼最高顾问）、铃木敏文（日本7-ELEVEn 的创始人）等 25 位企业家。其中每个人的企业经营思想的原点皆为"母亲的教诲"。

走出日本

再说回稻盛和永守。纵观二人的创业经历，亦有不少共通之处。稻盛 27 岁创业，永守 28 岁创业。

先说稻盛，他于 1955 年从鹿儿岛县立大学（如今的鹿儿岛大学）的工学系毕业后，进入了位于京都的绝缘子（电瓷）生产商——松风工业工作。可该公司当时濒临破产，不断有员工辞职。1959 年，稻盛和该公司的另外 8 名员工一起离职，创立了京都陶瓷公司（如今的京瓷）。

在公司成立典礼上，稻盛直言道："总有一天，我们公司要成为京都第一，然后是日本第一，最后变成世界第一。"可作为无名的初创企业，拓展客户极为困难。偶尔有意向的客户，往往都会提出同行无法实现的无理难题。对此，稻盛会当场答应接受，待回到公司后，持续不休不眠，彻夜攻坚。

即便如此，鉴于日本产业的僵硬结构，新兴企业要分到一杯羹实属不易。于是稻盛另辟蹊径，瞄准了当时日本大牌企业的技术引进国——美国。可结果并不理想——虽然不少美企对京瓷的技术实力予以了高度评价，但这样的口碑却迟迟无法转化为实际的订单。

在这样的艰苦挣扎下，稻盛终于获得了来自 IBM 的大订单，且订单内容是用于 IBM System/360（美国 IBM 公司于 1964 年推出的大型机。——译者注）的核心组件。在当时，System/360 可是开辟了商用大型机时代的先锋产品。这也让稻盛深切感受到，世界级的超一流企业不会纠结于合作方的既有业绩和品牌价值，其看重的是技术实力和公平公正。

可一旦着手生产制造，稻盛便发现 IBM 的要求之严、标准之高，与普通企业完全不在一个数量级上。试制品屡次被 IBM 打回。这使稻盛不得不提醒相关负责人"是否有向神灵祈祷？祈祷神灵保佑组件烧制成功"。而相关负责人在不断祈祷下，最终攻克了工艺难题。

在接到订单的两年后，京瓷终于在 IBM 规定的期限内交付了所有组件。稻盛曾说，当时看着运送组件的最后一辆卡车驶出厂房，自己深刻懂得了"人的能力无极限"这个道理。

这可谓稻盛哲学中"能力要用将来进行时"这一原则的源泉。同时，这也是京瓷被世界所瞩目、在日本取得巨大飞跃的原点。

第一之外皆为垫底

再说永守，1967 年，他以电气专业同年级第一名的成绩，毕业于职业训练大学（如今的职业能力开发综合大学），然后入职于音响设备生产商——蒂雅克（TEAC）株式会社。1973 年，他带领 4 名年轻人（包括他在蒂雅克工作时的两名下属），创立了日本电产。当时，永守把自家的牛棚改造一番，便成了公司的办公和作业之处。而就在那个牛棚里，永守提出了 3 大经营口号——"不搞家族企业，不搞单纯代工，立志打造全球化企业"。第二年第一次石油危机爆发，日本电产正可谓"在暴风雨中起航"。

与京瓷类似，在创立初期，凡是日本电产能拿到的订单，几乎也尽是同行们不愿染指的难活儿——试制用于电脑的马达。而永守也是先拿下订单，再付出心血辛劳，实现相关的技术攻坚。通过这样的经验，他拥有了"辛劳才是财富"的信念。对此，他后来回顾总结道："只要有热情、热忱、执着，就能化不可能为可能。这便是我收获的无形财富。"（《热情、热忱、执着的经营》）

"第一之外皆为垫底"是永守的信条之一。自创业伊始，他便把"成为世界一流的精密小型马达制造商"作为目标。可当时的日本商界和业内看重的是一家公司的既有业绩和历史沿革。在如此坚固的壁垒之下，日本电产几乎拿不到什么好订单。于是永守独自赴美，亲自上门推销，终于从 3M 公司那里赢得了大量订单。

之后，日本电产与美国大牌企业的业务合作不断扩大，争取到了包括 IBM 和施乐等公司的订单。如此一来，日本的一流厂商纷纷前来问询，希望采购"给 IBM 的那种马达"。而石油危机后的"节能需求"进一步加速了日本电产的业务成长。正可谓"化危机为绝佳机遇"的典型。

而在第二次石油危机爆发的 1979 年，日本电产又率先实现了"依靠无刷直流马达（Brushless DC Motor）直接驱动硬盘"的技术，并将该技术实用化。该技术一下子"引爆"了电脑的小型化趋势。由于站在了这样的"风口"，日本电产之后实现了指数函数级的成长。

心无旁骛

稻盛和永守二人都是白手起家，靠的是远大志向和满腔热情。二人跳出了闭塞的日本市场，勇于走向世界，最终打造了世界一流的企业。他们一个以精制工业陶瓷为本业，一个以小型马达为本业，且一直以本业为主轴，从而成长为接近 2 兆日元规模的世界级企业。

他俩取得成功的另一个原因是适时拥抱了数字化浪潮，使其为自身所用。但对业内的其他企业而言，该机遇也是公平均等的。而京瓷和日本电产的卓越之处在于贯彻了"心无旁骛"的专注精神，面对这千载一遇的机会，努力深挖其可能性，从而实现了企业的进化。

经历"失去的 30 年"的日本，如今掀起一股热炒"二元性经营"之风。"二元性经营"是源于美国的一种经营模式理论，其主张"企业应同时深化既有业务和探索新规业务"。可在"发源地"美国，该理论早已被打上了"失败之策"的烙印。因为探索是深化的延长线，探索必须一直以深化为基础，否则无法成功。如此下去，日本会重蹈覆辙——对美国的企业经营理论浮于表面地热衷迎合，结果恐怕又要"上当跌跤"。

对于日本企业的败因及自己公司的成功，永守总结如下：

"许多日企明明有自己的优势领域，却不断染指与该领域不相关的业务，并以这种方式扩大公司规模。但我们日本电产一直以马达为核心，专注于'旋转运动的部件和产品'。我们通过对自身专业领域的不断深挖，探出了新的矿脉，从而扩大了业务体量。让日本电产'从日本第一到世界第一'，这是我从未动摇过的目标。为此，心无旁骛的专注精神至关重要。"（《热情、热忱、执着的经营》）

尼采有句名言是"深挖你所站之处，泉水就在你脚下"。对于100多年前的这位孤高自持的哲人的教诲，稻盛也好，永守也好，都在切实地实践。

化考验为动力

当然，他俩并非一帆风顺。在半个世纪的企业经营历程中，二人多次面对考验。而每一次，他俩都能愈挫愈勇，实现提升。

先说稻盛，他遭遇的最大考验，要数京瓷进军医疗领域时发生的一大事件。1973 年，京瓷着手研发陶瓷材质的植入体。之后公司成立了 BIOCERAM 事业部，这标志着京瓷全新的医疗产品业务迈入了正轨。可在 1985 年，京瓷的"《药事法》违规问题"喧嚣尘上。根据相关法规，在销售新的形状或尺寸的植入体之前，企业必须向有关部门申请报批，但京瓷却在未走完该流程的情况下销售了相关产品。虽然其初衷是尽早造福广大患者，但京瓷还是受到了"停业整顿 1 个月"的处罚。

稻盛当时为此甚为苦闷，而"帮助其走出苦境"的，便是前面提到的西片担雪法师。据说当时稻盛找西片法师诉苦，说各媒体对自己口诛笔伐。对此，西片法师说道："这是没办法的事。稻盛先生，你要知道，苦才是人生。"这话乍一听似乎有"打太极"之嫌。

西片法师进一步点拨道："遭灾遇祸，乃消过去之业障。既然得以消业，可谓可喜之事。我虽不知你过去的具体业障，但遭遇这点儿挫折就达到了消业的效果，你必须庆祝才行啊。"

这番极为殊胜的指点，使稻盛得以振作。稻盛后来说道："把这事看作'神灵所赐予的考验'，并且号召全体员工都要端正态度。"（《稻盛和夫自传》）

不仅如此，稻盛还认为"成功亦是一种考验"。"让人获得成功，其实也是上天对人的一种'考验手段'。换言之，人生是各种大大小小的苦难和成功的连续交替，而它们皆为'考验'。而我们的人生形态，则取决于我们如何对待这错综交替的'考验'。"（月刊《致知》，2003 年 4 月刊）

他还指出，面对考验，"志向"正是指明方向的灯塔。"对于这纷乱的现代社会，我坚信，我们每个人若能在任何环境下都坚持努力磨砺自我、提升人格，便能让社会变得更美好。这乍一看似乎是收效缓慢的迂论，但其最终效果是最好的。"（出处同前）

否极必泰来

再说永守，他也多次直面重大考验，从日本经济泡沫破灭，到雷曼事件和泰国大洪水……而每次他都化考验为动力，实现企业的大幅成长。

比如当年日本还沉浸在泡沫期的经济狂欢时，永守便高瞻远瞩地实施战略转型，从之前的"组织先行扩大路线"大幅调整为"适应于人才成长的组织形态"。后来的事实证明，该路线变换成效显著——日本电产渡过了日本经济泡沫破灭带来的危机，并迈入了新的成长轨道。

永守把这样的策略称为"楼梯平台期策略"。对此，他解释道："一味向前冲并非成长之道，阶段性的休养生息亦很重要。（在楼梯和楼梯之间的平台）稍作休整，养精蓄锐，方能冲刺上一段台阶。"（《热情、热忱、执着的经营》）

该信念的成果之一，便是他发明的 WPR（双倍利润率）经营手法。具体来说，就是强化企业赢利能力，让企业即便在销售额减半的情况下，依然能实现赢利。其相关活动包括彻底削减固定费用在内的各种费用成本，从而大幅拉低盈亏平衡点。通过这样的结构性改革，当销售额恢复常态时，企业的利润率自然倍增。

据说其启发来自他母亲多美的教诲。当年永守决定自主创业时，之前始终表示反对的母亲告诫他道："既然要办企业，你能做到比别人干活多一倍吗？如果做不到，你就不会成功。"因此自创业以来，永守一直贯彻"一倍和一半的法则"。即凭借"比其他公司多干一倍，交货周期是其他公司一半"的做法，实现在竞争中的胜出。而通过将企业的成本结构与该法则相匹配，便成就了日本电产"每遇萧条，反而更强"的绝技。

对于当下的新冠肺炎疫情，永守也先人一步地将其视为企业飞跃的契机。早在新冠感染人数在日本出现"第一波扩大"的高峰时，他便在日本 NHK 电视台的采访节目中说道："这次的灾祸的确严重，但正所谓否极必泰来，现在越黑暗，未来就越光明。我对公司的员工和干部说，眼下正是各企业之间拉开差距之时，因此更需要拼命努力。归根到底，唯有相信自己的力量以及自己公司员工的力量。如此奋斗，必能取得成果。面对这次的新冠肺炎疫情，我们公司的同人们也一致充满了危机感。也正因为如此，我觉得这反而是千载难逢的机遇。他们心生危机感，所以愿意认真倾听我的话。而我也鼓励他们，要化危机为机遇，未来必将辉煌。我觉得，就是要有这股子干劲儿。"（2020 年 4 月 28 日播出）

"否极必泰来"是股票圈子的格言。据说从 16 岁就开始投资股市的永守，完全吃透了这句格言的深层含义。先于时代的永守经营，正是源于这种对"走势波动"的预判。

其实，早在新冠肺炎疫情开始在全球流行的大半年前，永守就预测到"来年经济会受到巨大冲击"，并启动了第三次 WPR 改革。同时，他还大力增产用于电动汽车的牵引马达（Traction motor)，并宣布要在中国大连投资 1000 亿日元。

稻盛指出"经济低迷乃企业成长之机遇"。永守也强调"唯有化危机为机遇的企业，才能生存下来。"换言之，唯有在考验来临时，企业经营能力的高低才能真正见分晓。所以每次遭遇考验时，正是稻盛经营和永守经营的深厚潜力发挥得淋漓尽致之时。

非破坏，应进化

此外，在让企业重生方面，稻盛和永守亦是特质共通的行家里手。

1998 年，申请企业破产重组的复印机制造商三田工业被稻盛收购，以"京瓷三田"（如今的 KYOCERA Document Solutions Inc.）的名字编入京瓷集团内，成为京瓷的子公司。当时预计 9 年完成的企业重生计划，结果在短短 2 年内便已达成。

稻盛的收购活动还不仅限于日本。1990 年，他并购了美国的大牌电子部件制造商 AVX 公司。之后，AVX 的业绩急速提升。到了 1995 年，其得以重新在纽约证交所上市。

而最震惊世界的，则要数他使日航浴火重生的壮举。2010 年 1 月，日航申请破产重组。在政界和商界的恳求下，稻盛答应为拯救日航而出山，并且不领取分毫报酬。当时稻盛已是 78 岁的喜寿高龄，各媒体对于这位老者的出马并不看好，纷纷撰文唱衰，认为日航的二次破产是板上钉钉。

而稻盛彻底着力于对日航员工的意识改革。短短 1 年后，日航便创造了 1800 亿日元的营业利润，这是当时其史上最高的利润值。而在两年半后，日航的股票再次上市，实现了令人惊叹的逆转。关于日航起死回生的详细过程，大田嘉仁所著的《日航的奇迹》中有详述。当年稻盛接手重振日航的任务时，大田是他派出的直接着手具体改革事务的猛将。

当年与日航的一众干部初次碰面，稻盛就在讲话时引用了中村天风的语录——"志气高昂，不屈不挠，一心一意，坚决实现新计划！"

可当时日航的干部们情绪低落、心态颓丧。不少人反驳稻盛道："靠精神论是救不了日航的。"

不仅如此，稻盛当时明确强调"经营企业的目的，在于追求全体员工物质与精神两方面的幸福"，可一部分干部却较为抵触，他们质问稻盛："（这种论调）是为了迎合工会吗？"对此，稻盛严厉训诫道："不信任员工的人，没有资格当干部。"

他还指出："员工不幸福，企业就不会发展。虽然我们京瓷也在被称为'资本主义中心'的纽约证交所上市，但我们的员工从未因此批判公司'只顾股东，急功近利'。"

在负责重振日航时，稻盛决定将"全公司的意识变革"摆在首位，因而最先着手的是"对企业领导层的教育"。在该过程中，参考《京瓷哲学》的《日航哲学》得以诞生。公司以全体员工为对象，开展了相关的"企业哲学教育"工作。

对此，大田回忆道，（当时）转变最大的，似乎反而是劳务公司派遣员工、合同工和业务外包承接方员工。员工们通过将《日航哲学》中的核心思想"每个人都是日航"进行理解消化，使之成为自己的血肉，从而产生了与企业的"一体感"，于是积极投身到复兴日航的事业中。不仅如此，基层的年轻员工们还时不时地举办"自主学习会"，且参与的人数越来越多。

除了意识层面的改革外，当时稻盛亦在日航内部推进经营手法的改革，包括实现"经营数字的可视化"以及基于此的"全员参与经营"。其本质正是稻盛的"阿米巴经营"——分解公共费用和固定费用，彻底消除浪费。此外，稻盛还把日航内部的经营会议作为改革经营手法的"实战场合"，通过对干部们发动"质问攻势"，培养他们"依据数字经营企业"的意识。

另一方面，在访问基层时，稻盛会鼓励员工，倡导他们也"依据数字，自发处理问题"。就这样，基于哲学和数字的"全员参与经营"意识逐渐在日航扎根。总之，日航的浴火重生，集中体现了稻盛经营思想的普适性。

"收购王"的铁则

永守拥有"收购王"的绰号。迄今为止，他收购了60多家海内外企业，且皆获得成功。因为他一直严格遵循着决定 M&A

成败与否的"3大铁则"。

铁则之一是"价格"。对此，他曾说道："我们日本电产拥有'永守式企业价值算定方式'，对于计算结果不理想的企业，我绝不会收购。"（M&A Online 网站，2017 年 12 月 1 日稿）为此，收购时机亦很重要。

比如在 20 世纪 90 年代，当时正值日本经济泡沫破灭，于是永守积极收购了不少日本国内的赤字亏损企业。而在雷曼事件发生后，他又猛然加速收购海外的老牌企业。换言之，在 M&A 方面，永守也在"化危机为机遇"，充分发挥着他的"永守魔力"。

铁则之二是"PMI（并购业务整合能力，Post Merger Integration）"。通过将自己的经营手法移植到被收购的企业中，使这些企业摇身一变为"高收益企业"，从而实现超乎常识的业务扩张。可见，与其说永守是"M&A 能手"，不如说他是"PMI 达人"。而事实上，他这种把被收购企业"点石成金"的力量，和他不断实现自己公司非连续性数量级成长的绝技，二者在本质上并无区别。

就拿他在 2003 年收至麾下的三协精机制作所（如今的日本电产三协）来说，当时永守每周都会前往三协位于长野的总部，且还会逗留三天两夜，在那里对员工们进行彻底的"永守经营教育"。

对此，永守说道："我买的不是陷入窘境企业的资产，而是陷入窘境的企业内的人才。由于经营不善而大厦将倾的企业，其中还留有有用的人才。这些人才只是因为企业经营恶化而暂时士气低落、颓丧消沉而已。所以我作为经营者的职责，便是在收购该企业后转换氛围，改革意识，提升士气，重振旗鼓。"（《热情、热忱、执着的经营》）

鉴于此，永守在收购企业时，对被收购对象有两大条件，一是"（被收购方的）企业文化是否能融入日本电产"，二是"（被收购方的）的企业高层是否有'把企业做大做强'的意愿"。

此外，即便收购的是赤字亏损的企业，永守也从不裁员，而是在收购后彻底开展改革活动。具体来说，就是永守经营手法中的"3Q6S"。

所谓"3Q"即三大"Quality（质量）"，即员工质量、企业质量以及产品质量。要想成为优良企业，就必须打造优良产品。实现这一切的基础，则是员工的质量。

而旨在提升员工质量的基本活动，便是"6S"，即"整理、整顿、清洁、清扫、规矩、素养"（由于这6个单词在日语中都以"S"为头音，故被称为"6S"。——译者注）。永守坚信，要想成为一流企业，就必须彻底做到这"6S"。为此，永守会要求全体员工（包括干部在内）打扫厕所。他会对大家说："你们就当上一回当，姑且试着实践一下。"而通过如此实践"6S"，被收购的企业的确实现了"自律重生"，并朝着全新的成长轨道迈进。

且"永守魔力"的真正价值在于能在短期内完成上述转变。对此，永守自信地断言道："（被收购对象如果是）日本企业，（完成转变）只要花费 1 年。"他同时表示，如果是海外企业，由于文化风土以及价值观的差异，则要多花点时间——"亚洲企业要花费 2 年，欧洲企业要 3 年，美国企业要 5 年。"

铁则之三是"协同效应（Synergy）"。通过把收购的"企业群"与自己公司原有的"业务群"进行有机组合，实现非"加法级"而是"乘法级"的附加值提升。比如用于 EV 的牵引马达产品"E-Axel"，可谓日本电产当下最为重视的业务之一。为了取得控制这种复杂机构的电控技术，永守于 2014 年收购了乘用车电控系统制造商"本田 Elesys"（如今的日本电产 Elesys），于 2019 年收购了欧姆龙的车载设备业务（如今的日本电产 Mobility），于 2021 年收购了三菱重工的作业机械业务。

对此，永守表示，日本电产把收购企业视为"收购填充物"——"正如城邦的石墙，在大石块的缝隙中，嵌有大量小石头。因此即便遭遇地震，石墙也不会坍塌。收购企业亦同理，为了支撑作为大石块的业务，收购两三家企业，作为填充用的小石头，从而稳固盈利的根基。所以说，关键要思考'收购什么样的企业，才能为大石块起到加固作用'。具体来说，如果是一家对外采购定子等核心部件的马达制造商，则大可收购一家线圈绕制机制造商。这便属于'收购填充物'，而填充物能加固作为大石块的主业务。"（M&A Online 网站，2017 年 12 月 1 日稿）

"我不会失败"是日剧《Doctor-X ～外科医·大门未知子～》中主角的一句有名的台词。而永守也经常半开玩笑似的把它挂在嘴边。因为他有"不干到成功绝不放弃"的执着，所以他的词典里的确没有"失败"二字。

但纵观全球 M&A 的整体情况，可知这属于变化莫测的领域。换言之，比起成功案例，失败案例要更多。尤其是跨国并购（Cross-border M&A）行为，其中能够确保并购溢价的案例，在世界范围内还不到 1/4。可永守却能成为"常胜将军"，这与他严格遵循上述"3 大铁则"密不可分。

稻盛和永守，二人虽在重振企业方面风格有异，但在"以人为本""坚持经营原则"的本质方面，却又惊人地相似。

开拓未来

在我撰写本书时，稻盛 89 岁，永守 77 岁。随着"不老的社会"的临近，二人依然有时间继续开拓新世界。而稻盛经营和永守经营的一大共通之处，便是这种"反对维持现状，视变化为常态，并不断发展进化"的态度。

哪怕只回顾本章提及的二人的事迹，也能在一定程度上预见他俩今后的路线方针。我确信，其至少包括以下 3 条：

第一，不拘泥于所谓"常识"，继续独自开创未来。

稻盛会继续当个"知性野人"，而永守也会继续把"智慧型奋斗"作为信条。且二人皆会继续拼命挑战"世人普遍认为不可能之事"。

可能有日本人会觉得这是落伍的"昭和精神",但乔布斯也好,马云也好,本质上都在贯彻这样的精神。反倒是当今高举"工作生活要平衡"大旗的日本,大有陷入半世纪前"英国病"("英国病"是指英国在二战结束后出现的滞胀状态,其归咎于经济政策和国民思潮等多个方面。——译者注)陷阱之势。所以说,广大日企必须理解二人经营思想的本质,尽快从"平成的惰眠"中觉醒。

而"不为世间肤浅的风潮所动"亦是二人的共通之处。比如"从实体向虚拟转型"的"服务型经济"一度被广为吹捧。再比如"金融资本主义""数字资本主义"之类的"现代病"亦是其中典型。

但在这样的喧嚣聒噪中,稻盛和永守愈发强调实体和人才的珍贵价值。京瓷和日本电产同为部件制造商。没有二者的部件,智能手机也好,新能源汽车也好,都无法启动。SaaS(软件即服务,Software as a Service)也好,MaaS(无缝出行服务,Mobility as a service)也好,没有实体加持,也只能是空中楼阁。换言之,仅凭"大资金"和"大数据"之类的"虚拟比特力",并无法实现脱胎换骨的变革。要想改变这个真实世界,就必须借助基于物与人的"实体原子力"。

当然,物也好,人也好,的确都需要"虚拟比特力"加持来实现升级。拿京瓷和日本电产的产品来说,其中必须嵌入智慧软件,从而不断进化为会思考的"智能硬件"。至于人,也必须借助数字化技术的力量，基于更大的眼界和格局，不断磨砺自身的预见力和想象力。作为先驱者，稻盛和永守势必会持续开拓"虚拟与现实相融合"的未来。

此外，他俩也都坚信"人的无限可能性"。对于流行于发达国家的"成长天花板"论，他俩皆不赞同，但同时也没有陷入单纯的"野蛮成长主义"。稻盛一直倡导"从自利到利他"的模式转换，而永守也强调"与自然共生"的必要性。

换言之，他俩主张的既非"直线成长"，也非"原形循环"，而是"螺旋式进化"。这与新京都学派的生物学家福冈伸一所提出的"动态平衡"如出一辙。而这也是维持生命的本质力量。他俩今后势必也会一直立志于重视环境和健康的高质量成长。

新日本潮流

第二，以日本的传统价值观为基础，并将其持续传播于世界。

在曾经的昭和时代，日本凭借惊人的经济成长，震撼了整个世界。可在步入平成时代后的 30 年间，日本的经济引擎却突然失去了速度。这是为什么？其真正原因之一，便是抛弃了自家的美德，转而把企业的经营模式向所谓的"世界标准"靠拢。

而"世界标准"其实是个伪命题，其根本不存在。而其英语"Global Standard"（世界标准）也只是崇洋媚外的日本人生造的"日式英语"而已。可叹的是，随着日本经济泡沫的破灭，一众日企反而变本加厉，愈发趋之若鹜于诸如"竞争战略论""欲望煽动型市场营销论"之类的欧美经营模式。直至最近依然如此——像"数字化思维""破坏性创新""公司治理（Corporate Governance）""二元性经营"等源于欧美的"轻松宝典"，简直如疫病一般，在日本蔓延。

可上述"欧美模式"的信奉者并未意识到，它们皆与企业经营的本质相去甚远，且在欧美早已被人否定。所以说，日本的该乱象简直是超越了悲剧的"喜剧"。若持续陷于这种"后知后觉、慢人一圈"的"吹捧欧美主义"无法自拔，广大日企便永远无法重拾昔日的辉煌。

纵观历史，凡是为开拓日本未来做出贡献的领导人物，皆以日本固有的价值观为根本。前述的《代表的日本人》一书中所介绍的数位历史人物亦皆如此。此外，以"论语加算盘"为核心的日式资本主义奠基人涩泽荣一是如此，提出"水道哲学"（水道哲学是指让自己的产品像自来水一样流入千家万户，让其价格尽可能符合普通大众的购买能力。——译者注）并努力提升全球QOL（生活品质，Quality of Life）的松下幸之助亦是如此。

而本书的二位主角也一样，他们丝毫不为这些热炒概念所动，而是基于独自的价值观，不断精益求精、探寻本质。

基于正确伦理观，遵循原理原则，相信人的力量，持续鼓励员工……这些经营思想乍一看似乎"老套又平常"。可在众多日企趋于雷同，且整天被所谓潮流牵着鼻子走的现实环境下，坚持关注"不变"的稻盛和永守，反而独放异彩、脱颖而出。且如前述，他俩的思想源于古都京都，且基于至今仍在当地拥有活力的日本古代文化和思想。

稻盛的经营哲学在中国也有大量拥趸，而介绍永守经营哲学的《日本电产的故事》一书一度成为韩国的畅销书。稻盛从中国的古籍中学到了不少人生哲学，而永守从三星电子和 LG 电子的创始人那里学到了不少经营哲学。由此可预见，与"欧美流派"划清界限的亚洲经营模式，今后很可能会逐渐受到全世界的瞩目。而作为其"教祖"及"传教士"的稻盛和永守，也必定会继续基于京都，向亚洲以及全球发声。

第三，以经营为轴心，勇于大幅迈步。

先说稻盛，他已然超越了企业经营的范畴，一直致力于向大众宣讲人的"理想活法"以及社会的"理想形态"。1997 年，65 岁的他如愿皈依佛门后，并未"闭关独修，不问世事"。在得度时，担雪法师对他建言道："僧人修行再深，也难以对现实社会做出贡献。你经过修行之后应回归世俗，为社会再做贡献，这才是佛道。"（《稻盛和夫的哲学》）

如今，稻盛已临近 90 岁高龄，但他往后势必依然会关注日本乃至世界的本质性课题，并基于深刻洞察，提出解决思路。

All for Dreams（皆为梦想）

2021 年 4 月，永守突然宣布，自己会在同年 6 月召开的股东大会上辞去 CEO 一职，此举令世人震惊。他还宣布，接任他职务的将是公司的 COO（首席运营官，Chief Operation Officer）关润。关润原先任职于日产汽车，后来被永守招致麾下，当时他任日本电产的 COO 才刚 1 年多。

当时，在记者招待会上，永守解释道："（如今）我们公司的汽车相关业务比重正在增加。营商的关键在于拥抱变化、努力成长。为了提升我们公司的竞争力，为了继续保持我们公司的高速反应力，我决定移交（CEO）职务。CEO 是一份让人积累经验的工作，我希望借此来培养我的接班人——关润社长。"

不过永守依然是公司的董事长兼会长，在继续为公司描绘未来，并致力于实现。他在一次接受采访时说道："为了实现（让公司 2069 年的销售额达到 100 兆日元的）新 50 年计划，我必须活到 125 岁。"（东京电视台经济节目《寒武纪宫殿》，2020 年 7 月23 日播放）可见其老骥伏枥，志在千里。

前面提到永守比稻盛小一轮，因此现在的永守，比稻盛当年拯救日航时还要年轻。可以肯定的是，永守今后还会长期奋战在企业经营第一线，施展他的"永守魔力"。

另一方面，他还热心于大学教育。如前面所述，他对京都先端科学大学予以厚望，立志将其打造为全球高等教育的核心学府。

而在与我的对谈中，他也满腔热情地阐述道："若不能给予年轻人梦想，并助其梦想成真，日本就没有未来。尤其在当下这种充满不确定性的时代，唯有怀揣梦想并独自开拓未来之人，才是社会所需之才。鉴于此，我的目标是使京都先端科学大学成为'助梦成真'的大学。

"我会对学生这么说——'我们这所大学，旨在传授实用的技能和知识。让大家将来毕业并步入社会后，能够凭借所学，即刻活跃于所在岗位。''依据学力偏差值（指相对学力平均值的偏差数值。——译者注）招人的企业，哪怕规模和名气再大，其前景也有限。反之，有的企业虽然规模尚小，但将来前途无量。至于如何辨别什么样的企业有前途，我们学校会教给你们。''如果有想创业的，我们学校今后会设立商学院，有意者大可前来学习，我会亲自参与授课。'……我这么一讲，学生们就会兴致盎然，一脸认真地听我娓娓道来。以通俗简单的语言，鼓励大家描绘光明的未来蓝图。在我看来，这便是身为领导的重要职责之一。"（《钻石社哈佛商业评论》，2020 年 9 月刊）

稻盛也强调"要让梦想呈现彩色"，因为"如此一来，就会生起'要让梦想成真'的热情"。而永守则把 All for Dreams（皆为梦想）作为日本电产的企业口号，并坚信"梦想必会实现"。

二人所描绘的未来梦想，会以怎样的形式实现呢？待新冠肺炎疫情的愁云散尽，他俩必会各自开拓"新常态"的世界。光是想想，就令人心驰神往。

第三章
CHAPTER 03

本色

$①$ ▶ $⑩$

魔鬼抑或佛陀

本章旨在分析和阐述这两位企业领导的本色。

首先要理解，他俩皆具"两面性"，且该两面性特质体现在各个层面。

拿人格层面来说，他俩有时令人怀疑是不是"双重人格者"。其给人的典型印象是"魔鬼抑或佛陀"。

先说稻盛，如今他已入佛门，因此多以"佛陀"一面示人。但在其经营哲学中，其"魔鬼"的一面频频出现。

稻盛常常引用"小善与大善"的佛学思想，并强调"其亦适用于上司与下属的关系"。

他说："上司缺乏信念，只知迎合部下。不严格要求，看上去很有爱心，结果却是害了部下。这就叫小善。有句话说'小善乃大恶'，意思是表面的爱会导致对方的不幸。相反，抱有信念、对部下严格指导的上司，可能会令人感到不够亲切，但是从长远来看却能培养部下，促使其成长，这就是大善。真正的爱，是指无论何事，都要认真想清楚是否确实有利于对方。"（《京瓷哲学》）

他还一直告诫自己"该叱责（下属）时，要毫不留情地叱责"。这正可谓"魔鬼"外表下的"佛陀（大善）"本质。

在这方面，永守更是有过之而无不及。他一直豪言"365日，日日是工作日"，被人称为"工作狂魔"。而他的信条之一是"训斥（下属）时，要训斥到底"。

对此，他曾介绍道："有时，下属提交的文件或图纸内容粗糙，我就会在众人面前把它撕掉；当下属犯错时，我也会怒喝怒斥，对其进行教育。而且既然要训，我就会训斥到底——训到下属浑身发抖，感觉如果再训下去，自己搞不好走夜路时会被对方从背后捅死。"（《要学会打动人！》）

但永守的训斥并非单纯的情绪宣泄，而是在掌握每名员工的性格和个性的基础上，思考"如何训斥，才能点燃对方心中沉睡的斗志和不服输的干劲"。他说："因为（对员工）有期待，所以才会予以训斥。"

对此，他还有句口头禅——"不被上司训斥的员工属三流以下；1天被训5次属二流；若1天被训10次，才有资格独当一面。"

他还强调，训斥后至少要有3倍的"后续维护（After Care）"。为此，他会给员工写有溢美之词的书信。"先抑后扬"——这完全是"魔鬼＋佛陀"的做法，是他最为擅长的关爱表达，也是他打动人的秘诀所在。

哲学抑或科学

而在理念层面，二人亦兼具"合理主义"与"理想主义"，或者说"科学"与"哲学"、"理性"与"感性"。

先说稻盛，其经营思想基于"哲学"。对此，稻盛说，哲学是一种判断基准，其旨在判断"人为什么活着？""作为人，何谓正确？"等本原问题。

稻盛曾说："作为人，是正确还是错误，是符合还是违反基本的伦理道德———我把这一条当作人生最重要的规范铭记在心，毕生坚守不渝。"（《活法》）而该思想在总结归纳后，便有了《京瓷哲学》。《京瓷哲学》由4大部分构成：度过美好的人生、经营要诀、在京瓷人人都是经营者和关于开展日常工作。《京瓷哲学》是稻盛经营的原点，也是稻盛主义的宝典。

对此，稻盛在《京瓷哲学》一书的自序中感言道："正因为有了如此明快的判断基准，在过去的半个世纪里，我才能在经营京瓷、KDDI以及日航的过程中做到判断正确，从而使各公司发展成长。"

而与该哲学成对配套的，则是"阿米巴经营"。如果说哲学是血肉脊梁，那阿米巴经营便相当于神经系统。该制度将员工划分为6～7人的小组织（阿米巴），并将"最大限度提升单位时间核算额"作为每个阿米巴的目标。

稻盛将阿米巴经营定义如下：

"阿米巴经营是将组织划分为小集体，然后通过与市场直接挂钩的独立核算制度加以运营，由此在公司内部培养具备经营者意识的领导者，同时实现全体员工参与经营的'全员参与经营'

的经营管理手段。"(《阿米巴经营》)

可见，阿米巴经营是稻盛独创的企业管理体系，其旨在避免京瓷在逐渐做大做强的同时陷入"大企业病"的弊害。而在日航浴火重生的过程中亦是如此——该阿米巴经营和"日航哲学"并驾齐驱，成为使原本僵硬的"组织细胞"重拾生命力的原动力。关于阿米巴经营的本质，我会在下一章予以详述。

合理主义与理想主义，这乍一看似乎是位于两个极端的理念。而稻盛经营的精髓，便在于将它们植入企业经营的基干，并将它们完美融合。对此，稻盛阐述道："在'商战'中，经营者要当个彻头彻尾的理性主义者，但在其他时候，则要奉行浪漫主义，了解形而上学的领域。只有两者兼具，不偏不倚，才能成为一流的企业家。"(《京瓷哲学》)

此外，他还对如今的"科学万能主义"思潮敲响警钟，呼吁"向哲学回归"——"现代社会，只重视科学，只习惯于用科学去解释事物。'为了人类变得更好，为了创建更理想的社会，我们应该具备怎样的思维方式，应该建立什么样的哲学规范。'这么重大的问题却无人问津。"(《稻盛和夫的哲学》)

梦想与浪漫

再说永守，他不怎么使用"哲学"之类的艰涩词语，而是喜欢"引人共鸣的俗语"，比如"梦想""浪漫"。

对于"（企业）为何必须持续成长"的问题，永守曾答道："若不成长，则企业要么倒闭消亡；要么只能甘于维持现状，毫无活力地苟活。这既无梦想，也无浪漫。"（《挑战之路》，日本电产内部资料，1997 年）

此外，"EQ 比 IQ 重要"也是他的口头禅之一。IQ 再怎么出类拔萃，至多也是高于常人 5 倍左右的程度。而 EQ 卓越的员工，则能创造出比一般人高 100 倍以上的成果。

对此，永守还进一步说明道："关键是 EQ'可以后天培养'。IQ 似乎深受遗传因素的影响，但 EQ 则不同——通过教育和环境，其能够像肌肉一样，越锻炼越强。"（日本 PRESIDENT Online 网站，2010 年 5 月 10 日稿）

自创立伊始，日本电产便提出"3 大精神"——"热情、热忱、执着""智慧型奋斗""立刻就干！一定要干！干到成功！"。这听起来似乎相当像学校体育生社团中常见的唯心论，但这正是"永守流派"的 EQ 锻炼法。

话虽如此，倘若光靠唯心论，亦无法开展实际经营工作。为此，永守还有其独特的经营手法，人称"永守 3 大经营手法"。它们是"挖井式经营""家庭账本式经营""切丝式经营"。它们皆由"彻底打磨极为常识的原理原则"而来。关于这 3 大经营手法，我会在后面予以阐述。

关于企业经营者的资质，永守提出了要求："在描绘梦想和浪漫的同时，还要把全公司的综合实力和发展潜力以具体数字的形

式，时刻记在脑中。此乃成为企业经营者的首要条件。"(《挑战之路》)

另一方面，对于年轻人，他发出号召："浪漫也好，梦想也好，皆难一蹴而就。首先要化整为零，把自己的人生分割成一块块小块，然后脚踏实地地从小事做起，一点点地实现梦想。"(出处同前)

稻盛强调理想主义和合理主义的并存，永守倡导梦想、浪漫与数字的并存。这并非仅是他俩之间的共通特征。涩泽荣一所主张的"论语加算盘"亦是同理。

由此可见，虽然过去了100多年，但日本特色企业经营的精髓却惊人地一致，可谓一以贯之。稻盛和永守，二人并未被所谓"世界标准"的幻想所蛊惑，而是持续传承发扬着这种日本特色企业经营的精髓。

大家族主义

阿米巴经营是稻盛经营的根基所在。它是一种促使全体员工共同参与的经营方式，旨在引导每名员工做到自律，从而实现自我价值。

但阿米巴经营并非以"个体"为优先的经营方式。其旨在"把全员之力汇聚于同一方向，便能使整个组织达成目标"(《京瓷哲学》)，即要求员工对企业经营具备"志命感"。

　　鉴于此，企业领导的相关职责便是"使全员形成合力"，而这关键需要与个人主义相反的"大家族主义"。领导必须培养员工的相关意识，让他们认为"自己是家族的一员"，并拥有相应的责任感。自己公司对社会应尽的职责为何？自己所属阿米巴为此应尽的职责为何？阿米巴内的每名成员为此应尽的职责为何？换言之，每名员工都必须自动自觉，时刻把自己的"志命"与高层次的本质性"大义"相联系。

　　可纵观当下，从"成员型（即自认为"我是所在企业的一员"，自己拥有集体归属和集体认同意识。——译者注）"向"职业型（即把自己单纯视为所在企业的被雇佣者，认为自己是靠出卖职业技能和个人时间来获取报酬而已。——译者注）"的职场意识转变，正如瘟疫一般，在一众日企中蔓延，可谓新型的"世界标准"病。可此举等于抛弃了"大家族主义"这种日企的最大优势。每名员工抱有"工匠精神"，以专业自豪感不断打磨自身的业务能力，并基于"团队精神"开展工作，这是不能丢的优良传统。

　　而反观世界先进企业，却在向该"大家族主义"靠拢。比如被选为"全世界最被职场人士所向往的企业"的赛富时（赛富时是一家根据客户个人化需求，提供客户关系管理规划及相关服务的互联网企业，其总部位于美国加利福尼亚州旧金山。——译者注）。这家创立于 1999 年的数字化服务企业，重视的是"Ohana 文化"。Ohana 是夏威夷语，意为"家族"。

当然，所谓家族主义，并非溺爱或放任员工。正相反，在企业关爱和指导员工方面，其提出了更高标准的要求。

对此，稻盛亦明确指出"阿米巴经营决不允许企业领导对基层撒手不管"。他还强调，身为领导，必须比别人更为频繁地拜访客户、深入基层，并为解决问题而拼尽全力。他在《阿米巴经营》一书的最后部分总结道："最为重要的是，领导必须在会议或现场等所有的经营活动中，指导并教育员工如何做出正确判断及解决问题，通过如此的坚持反复，使员工们真正共享哲学，提升经营者般的主人翁意识。"

换言之，他在强调个人"自律"的同时，也重视组织的"规律"。

用人有放有收

永守则强调"规矩和自由要并存"。

对此，他阐述道："倘若一味教员工守规矩，员工就会停止成长，但又不能因此搞放任主义。鉴于此，就必须做到令行禁止、泾渭分明——让员工明确规矩的范围和底线，以及可以自由做主的范围和界限。唯有如此，才能避免扼杀员工的潜能。所以说，企业经营者的职责之一，便是基于员工成长的立场，明确地画出这条界线。"（《热情、热忱、执着的经营》）

在永守语录中，有"用人有放有收"这句话。在日本电产的全球经营大学讲课时，每次永守提到"用人有放有收"，听课的外国人就会满脸困惑——既说"放"又说"收"，到底是放还是收？简直如同玄学。

而永守认为"此正可谓培养员工的秘诀"。若不放，则下属无法成长；若放任，下属就可能在领导一时无法察觉之处犯下大错，所以必须在"放"的基础上，予以充分的关注和指导。为此，领导就必须关爱培养对象。

"（作为培养对象的）那个人在做什么，状况如何……我会假装不经意地从其周围不断获取相关信息，一旦得知其抱有烦恼或身体不适，就立马找其谈话，问'最近情况如何？'，以示关心。而在必要时，我也会对其严厉训斥。关键要让对方明白，我虽然全权让其负责，但也掌握着其一举一动。"（DIAMOND online 商业信息网，2019 年 10 月 7 日稿）

此外，永守还告诫身为领导者切莫混淆"权限下放"和"责任下放"。上司必须让下属自主推进工作，但相应的结果责任必须由上司承担。换言之，决不允许上司对下属放任不管，等到出状况后，又以"下属辜负了我的信任"为借口而逃避责任。

此外，永守还强调"直接参与计划（Hands-on）"和"微观管理（Micromanagement）"的重要性。若从欧美的经营手法来看，他的思想可谓极为异端。对于"永守经营与欧洲经营流派的区别在何处？"的问题，毕业于日本电产全球经营大学、公司德国分部的 CFO 范·鲍尔答道："在熟悉基层的基础上开展直接参与计划的微观管理（是最大区别所在）。即通过与员工的沟通交流，及时掌握需要关注的细节，从而为员工提供支持。"

范·鲍尔还感言道："为了让员工达成目标，上级的支援必不可少。我拥有 25 年的管理经验，早在入职日本电产之前，我就一直秉承类似的管理风格——重视'微观管理'和'给予员工责任'之间的平衡，并根据具体对象和情况灵活应变。但纵观多数欧洲的企业经营者，却趋于高高在上地发号施令，然后单纯等待下属出成果。"（DIAMOND online 商业信息网，2019 年 10 月 11 日稿）

自律（放）与规矩（收），通过确保这二者的平衡，经营干部便能与基层形成连带感，从而紧张有序地推进工作。这便是永守经营的精髓所在，且与稻盛的阿米巴经营本质共通。

现在抑或未来——远近复眼经营

稻盛相信"宇宙的意志（Something Great）"的存在。所谓宇宙的意志，是"促使万事万物生长发展、促进其进化的意志"。其与"对万物之爱意"及"共生"的理念相联系。（《稻盛和夫的哲学》）

《京瓷哲学》中的第一条便是"与宇宙的意志相协调"。该条目中讲道："如果你拥有美好的心性，和宇宙的意志协调和谐，那么你的人生必将充满光明。"

而其中的要诀在于"必须把时间轴放长远"。对此，稻盛强调"以 30 年左右为一个时段"。也就是说，若以当下为起点，则必须将眼光放至 21 世纪后半叶。

此外，稻盛还坦言："我从不制订所谓的长期经营计划。"

他曾说道："不过好今天这一天就没有明天。连明天会怎样也搞不清，五年、十年以后的事你怎能看透？首先，认真过好今天，这是最重要的。"（《活法》）

换言之，对于眼下正在发生的事，唯有"极度认真"地面对。在"变化才是常态"的市场环境下，过去的数字也好，未来的预测也好，都难起作用。对此，他说道："对企业经营者而言，需要的是'活生生的数字'，即能够判断企业当前状态和得出有效对策的依据。"（《阿米巴经营》）

"每日核算"是阿米巴经营的基本原则。在《京瓷哲学》中，稻盛亦提道："如果不看每一天的数字，就像不看仪表盘驾驶飞机一样。"他还说道："不看每天的经营数字，就不可能达成经营目标。"

总之，同时关注"30 年后"的未来和"每一天"的当下，直视理想与现实，并为了填补二者的差距，开展公司全员团结一心参与的变革。这便是稻盛经营不断进化的原动力所在。

矿井里的金丝雀

至于永守，其眼光更远——把"50年"作为一个阶段。

在1973年创业伊始，他便制订了首个50年计划。当时公司只有3名员工，而他当着他们的面，坦诚地豪言壮语道"要在50年内实现销售额1兆日元的目标"。在与我对谈时，他介绍了那段往事。

"当时正值第一次石油危机，整个经济大环境陷入低迷。对于我提出的目标，员工质疑道'社长，您是不是说错了？您是想说1亿日元吧'。结果原本5分钟就能结束的讲话，搞得我反复唠叨了1小时40分左右。不管我强调多少次'我没说错，就是1兆日元'，员工仍然难以把我的话当真——他们都说'1兆日元，根本无法想象'。"（《钻石社哈佛商业评论》，2020年9月刊）

实际上，日本电产后来还提前完成了计划——在2015年3月财务期，公司的销售额便突破了1兆日元大关。如今，日本电产的销售额超过1兆5000亿日元，已然成为世界第一的马达制造商。因此在2019年，永守又制订了第2个50年计划。

对此，他说道："这个（计划）还未对外公开。50年后，我都125岁了。自己能否活到那时候，只有天知道了。"（出处同前）

不过他也关注更为实际的未来——他预测到，到了2050年（即30年后），世界人口会增至100亿，而全球用于劳动作业的仿人机器人会多达500亿台左右。每台仿人机器人大约需要600

个马达。马达为此必须进化得更小、更省电。鉴于此，从现在起，永守便着手准备——激励公司的研究所大力开展相关的技术攻坚。

我曾直截了当地问过永守"如何才能预见未来？"。而他的回答简单明了——"这并不难，多向专家和客户企业的关键人物请教即可。不要不懂装懂。"

与此同时，他也关注当下的小变动、预测近未来的趋势，从而使组织及业务结构不断脱胎换骨、成长进化。正如前面所述，早在如今的新冠肺炎疫情之前，他便已毅然实施第三次 WPR 改革。在彻底"成本瘦身"的基础上，还果断进行战略性投资，向着"次世代成长"的目标大幅前进。

对此，他介绍道："其实在去年（2019 年）入秋时，在集团干部会议上，我便说'明年形势会非常严峻，所以要趁现在削减固定费用，否则就麻烦了'。现在有干部会问我：'会长，您（当时）是预知了新冠肺炎疫情吗？'我当然没那个本事。只是觉得（2019 年）离雷曼事件已经过去了 10 个年头，新一波冲击差不多该来了。而且对于创始人而言，自己的公司就如自己的肌体一般，要是哪里有异变，自己立马能察觉。再加上自己不管是睡着时还是醒着时，都在思考企业经营，时时刻刻都在为公司着想，生怕公司倒闭，所以对于哪怕较小的变化征兆，我的直觉都会有所反应。"（出处同前）

对此，我在对谈时感叹道："您简直是（会察觉危险先兆并鸣叫的）矿井里的金丝雀啊。"而他爽朗地笑着回应道："有独立投资家也这么说过我。"

他还坦言道："我们公司的客户遍及全球各行各业。而去拜访客户时，我会向其获取各方面的信息。然后我会直接电话联系位于全球各分部的员工，问他们'客户告诉了我这些，实际情况是否如此？'，从而做到对信息真伪的鉴别和佐证。这么一来，对于业内变化、世间动向等，我能做到大致有数。而一旦确定了大的变化和趋势，我就会毅然下注，大手笔投资。"（出处同前）

在审视观察时不断"放大"和"缩小"，同时关注社会、经济的长期波动及短期变化，将二者表里一体地紧密联动，并开拓明天、创造未来。这便是稻盛经营和永守经营共通的"时间轴管理"。我将其命名为"远近复眼经营"。

反观众多日企，往往一味偏重于中期经营计划，却在根本上缺乏长期愿景和微观管理，因此既无法抓住巨大商机，也无法敏捷应对眼前变化。

关于远近复眼经营，我还会在第5章予以详述。

"和"的思想

魔鬼抑或佛陀，哲学抑或科学，规律抑或自律，现在抑或未来，这些看似皆为"二选一"的问题。但正如前面所述，稻盛也好，永守也好，都对这种"0或1"的"二元化思维"不予苟同。

他俩并不优先于其中某一项，而是兼顾重视二者。换言之，他俩提倡的不是"Or（或）"的思维，而是"And（和）"的思想。这正可谓与涩泽荣一的"论语加算盘"的日式经营思想基础如出一辙。纵观全球经营的先锋领域，"兼顾社会价值与经济价值"的CSV（创造共享价值，Creating Shared Value）经营思想，最近才开始受人关注。

资本主义之前一直以经济价值为优先，被"0 或 1"的"二元化思维"所捆绑，因此逐渐陷入功能性障碍。作家弗朗西斯·斯科特·基·菲茨杰拉德笔下的《了不起的盖茨比》等作品集中描绘了 20 世纪美国资本主义模式的癫狂状态。而他有句名言说道："拥有一等知性之人，能同时进行两种极端相反的思考，并能使它们正常运作。"

稻盛曾引用上述名言，并进一步阐释道："大胆与细心这两者看起来相互矛盾，但这两个极端必须同时具备，才能把工作做得完美。兼备这两个极端，并不是'中庸'。这好比织成绸缎的丝线，如果把经线比作大胆，那么纬线就是细心，大胆和细心交互使用。因为大胆，就能有力地推动事业向前发展，而同时因为细心，就能防止失败。"（《京瓷哲学》）

京都的西阵织造便是这种经线和纬线的工匠艺术。其织物兼具温暖光泽和织前染色工艺特有的韵味与素雅。而稻盛的经营哲学，便如这同样发祥于京都的西阵织造一般。不仅如此，稻盛还积极"弘法"，向京都、日本乃至世界发声。

比如，《日航哲学》中有"兼备事物的两极"的条目。该条目在京瓷哲学和 KDDI 哲学中并不存在。该条目指出了"兼备理性与人情"这两种相反特质的重要性，并强调不可偏于一方，也不可安于正中（中庸），而应按具体需要和情况运用二者——时而理性对待，时而人情处之。

悖于主流的经营方式

再说永守，其亦善于根据 TPO［时间（Time）、场合（Occasion）和地点（Place）的首字母。——译者注］，灵活运用两种极端相反的思维。就拿梦想·浪漫和危机意识来说，他会基于员工的具体职位，灌输不同的思维趋向。

·普通员工：危机意识 30%，梦想·浪漫 70%

·主任级员工：危机意识 50%，梦想·浪漫 50%

·部科长级员工：危机意识 70%，梦想·浪漫 30%

·高层干部级员工：危机意识 90%，梦想·浪漫 10%

此外，他还根据各员工不同的自信程度，予以巧妙灵活地对待。在《要学会打动人！》一书中，他指出："打动人的秘诀，与踩麦苗如出一辙。"

当麦子开始生根发芽时，踩麦苗能让其更为茁壮成长。而对于根基尚弱的麦子，则需施予感动、感激之类的"肥料"，从而滋养其信心。

而"悖于主流"也是永守经营的特色之一。比如，对于最近重视"团队精神"和"协调性"的风潮，他提出批判，认为这会弱化决断力和指导力，并指出"日本社会骨子里欠缺能够培养专业企业经营者的机制"，还强调"从年轻时起就采取英才教育"的必要性。而在前述的与我的对谈中，对于新冠肺炎疫情，他亦强调"身为企业领导，越是面临危机，就越要寻找机遇，畅言梦想"。

动态平衡

这种不随波逐流所谓"世间常识"的态度，亦是稻盛和永守二人经营思想的共通之处。但这既非"违背常识"，也非"超脱常识"。稻盛和松下幸之助一样，都强调拥有一颗"素直之心"的重要性。所谓素直之心，即"心无挂碍"的境界。而永守也遵循原理原则，把"理所当然地行理所当然之事"作为企业经营的秘诀。

纵观欧美风格的辩证法，其旨在设定正命题和反命题，进而导出名为"统合命题"的地平坐标，最终达成被称为"扬弃（Aufheben）"（该词是一个具有数个自相矛盾含义的德语词，其意思包括"举起""取消""中止""升华"。德国哲学家黑格尔用该词解释"正命题"与"反命题"互动时的现象。——译者注）的逻辑飞跃。

与之相对，稻盛和永守让正命题和反命题并存，并接纳二者编织出的复杂体系。即西田哲学［哲学家西田几多郎（1870—1945 年）的哲学思想，他是京都学派的开创者与领导者。——译者注］所提出的"绝对矛盾的自我同一"，或者说是生物学家福冈伸一所提出的"动态平衡"。二者的哲学不愧为源于京都的经营哲学。

而这种超越"非 0 即 1"的二律背反的"和"的思想，今后必然会成为新常态下受世界瞩目的新理念。

第二部分

解明盛守经营

第四章
CHAPTER 04

阿米巴经营的本质

稻盛 DNA 的二重结构

稻盛的过人之处，在于实现了 2 次企业创生、1 次企业重生——打造世界级企业京瓷，创立与日本电信电话公社（如今的日本电信电话株式会社）分庭抗礼的 KDDI，还使日本的载旗航空公司（Flag Carrier）（又称国家航空公司，指由国家或政治实体指定，代表其国际航线的航空公司。——译者注）日航浴火重生。元器件制造商、电信公司、航空公司，三者属于互不相关的领域，而他却屡屡旗开得胜，实现了戏剧化的成功，实属难得一见的企业家。

而且在上述 3 大成功案例中，稻盛皆坚持其经营本质，在上述 3 家企业中深深注入了"稻盛 DNA"。且正如生物学范畴的DNA 一样，稻盛 DNA 亦由双螺旋结构所构成。第一重螺旋为哲学，第二重螺旋为阿米巴经营。

但这样依然无法得知其双螺旋各自发挥的具体作用。因此我按照稻盛所敬仰推崇的中村天风的思想体系，以人体为对象，得出如下比喻。

哲学就如同人体的"间脑"，其位于左右大脑半球之间的中心位置，且由汇聚感觉神经并形成突触的丘脑以及作为稳态（homeostatic）中枢的丘脑下部所构成。即所谓的"自律神经中枢"，负责整合企业的自律性活动。

再说阿米巴经营，其好比遍布人体的自律神经。为了控制和调整循环器官、消化器官和呼吸器官等的活动，该神经系统24小时持续运作。具体来说，该系统包括交感神经和副交感神经两部分，前者活跃于人体活动时和白天，后者活跃于人体安静时和夜晚。若二者平衡失调，便会产生名为"自律神经紊乱"的症状。而阿米巴经营的作用，便在于促使企业开展良性平衡的自律性活动。

可见，若无哲学，企业便无法整合活动；而若无阿米巴经营，企业便无法开展具体的自律性活动。正如前面所述，稻盛经营的精髓在于将"整合与分散""规则与自律"之类的二元对立予以"二元合一"，属于"兼容并包"的思想。而基于该目的的实现机理，便是哲学和阿米巴经营。

纵观一众日企，不少其实都在畅谈卓越理念。比如我曾经就职的三菱集团，便拥有名为"三纲领"（"三纲领"是1920年三菱第4任总裁岩崎小弥太提出的公司经营指导方针。——译者注）的响亮口号。所谓三纲领，即所期奉公（指通过发展事业努力实现物质和精神更加丰富的社会，同时为维护宝贵的地球环境做贡献。——译者注）、处事光明（指以光明磊落为行动的宗旨，保持经营活动的公开性和透明性。——译者注）和立业贸易（指立足于全球及宇宙的宏观立场开拓事业。——译者注）。对于已离职30多年的"老东家"的口号，我如今依然记忆犹新，可见

稻盛和夫与永守重信

其"洗脑力"之强大。但至于庞大的三菱集团的每名员工对于该"三纲领"的理解程度如何，将其领会、实践并成为自身血肉的程度又如何，是要打上一个大大的问号的。

此外，将MVV进行因数分解的企业亦不在少数。所谓MVV，即Mission（使命）、Vision（未来愿景）以及Value（价值观）。可即便这些企业的官网上罗列的MVV口号辞藻再宏伟、再华丽，就连其经营层干部中，也鲜有人能用自己平实朴素的语言对口号予以解释说明，更不用说基层员工了。在基层员工眼中，它们只是矫揉造作的口号而已。

反观稻盛经营，则反复强调"在京瓷，人人都是经营者"，并指出"为此，人人都要成为旋涡的中心"。比如在重振日航时，稻盛将该思想简称为"涡中"，将其作为日航员工新的"行动原理"，并将其落实及扎根于基层。

当然，仅凭精神论无法运作企业，因此阿米巴经营便是相配套的实践论。唯有二者表里一体、并行并举时，才能自律且整合地朝着稻盛经营所追求的未来迈进。

以实践为主旨的哲学

那么先来俯瞰其哲学。京瓷哲学也好，KDDI哲学也好，日航哲学也好，都是各企业"持续演奏（Refrain）"的主旋律。因此其中自然包含各企业自有的信念。

比如京瓷旨在"做出'会划破手'般完美无缺的产品"。换言之，但凡京瓷的产品，必须"完美无瑕到让人产生一种敬畏的错觉——倘若用手触碰，会划破自己的手"。

不仅如此，对于产品，京瓷还主张抱有虚心坦怀的态度——"倾听产品的声音"。即对自己的产品感情深，方能"闻其声"。为此，稻盛强调，必须拥有"想抱着自己的产品睡觉"的爱意。

再看 KDDI 哲学，其首个要旨为"联通心念，联通笑容"。作为以"连接人与人"为基本业务的电信企业，该思想十分匹配。而随着 IoT（物联网）时代的到来，今后其还需要营造连接"人与物"和"物与物"的交感世界。

至于日航哲学的特色，则在于强调"最佳接力赛"。其具体含义是，"为了向乘客提供安全、舒适的空中旅程，公司同人们如参加接力赛一般，以相互传递'接力棒'的方式，全员竭诚为乘客服务。即每名员工都具备'最佳接力赛手'的意识，通过跨职务的协作，旨在提供更为优良的服务品质"。

日航如今的服务水平之所以高得与之前"判若两人"，正是该哲学深入全体员工心中所致。

另一方面，上述 3 家企业的哲学之间，也有颇多共通点。

比如，3 家皆以"心"为起点——"素直之心""美丽之心""感恩之心"等。而"利他之心"亦是其共通之处。与其说是经营哲学，其实人生哲学的色彩更为浓厚。

而在企业经营的原则方面，3 家亦存在较多共通点，比如"光明正大地追求利润""贯彻顾客至上主义""树立远大目标"等。而在涉及具体工作方面也是如此，比如"遵循原理原则""踏实努力，精益求精""自我燃烧""能力一定会进步""小善似大恶，大善似无情"等，皆为共通。

再说不同点，有个条目是 KDDI 和日航共通，但京瓷没有的，那就是"决策果断、行动迅速"。究其原因，或许是京瓷一向拥有旺盛的"草根开拓精神"，因此不必对此故作强调。但对于"精英意识强"且较易陷入"大企业病"的 KDDI 和日航，则需要谨记该条目。

当年离开 NTT，后来成为 KDDI 第 4 任社长的小野寺正回忆道："稻盛先生当时常说'对哲学的必要性最缺乏认识的，恰恰是你们这些知识分子。把企业哲学的内容视为稀松平常的教条，认为它们无须多加强调。但其实真正去实践、去做到的人，却几乎没有'。他说得很对，我曾经也是他所批评的那类人。而自从当上 KDDI 的社长后，我才逐渐对企业哲学的真正价值有了认知。"（《日本经济新闻》连载"我的履历书"，2020 年 10 月 29 日刊）

小野的上述感言，浓缩了企业哲学的本质。哲学就是将"对于看似稀松平常、理所当然的道理，诚实、到位地进行实践"。对此，小野还说道："不可止于字面上的理解，而要将哲学的内容消化为自己的血肉，从而在陷入迷茫或前景难测时，能够望见指引经营和人生航向的灯塔，知道自己该做什么。"（出处同前）

以人为本的阿米巴经营

再说阿米巴经营，其可谓稻盛经营的另一标志性思想。如果说哲学讲了 Why 和 What，那阿米巴经营则明示了 How。

所谓阿米巴经营，简单来说就是将企业划分为 6—7 人的小组织（阿米巴），且旨在最大化每个阿米巴的单位时间核算效益的机制。其贯穿了稻盛实学简单明了的基本原则——"销售最大化，费用最小化"。

这样的阿米巴型组织架构，如今已然成为全球先进企业扎堆采用的模式。比如谷歌，就在原则上把每个团队的人数限定为 5 人。其旨在效仿篮球队，让团队成员能够根据"比赛情况"，随机应变地采取行动。而亚马逊广为人知的"两个比萨原则"亦是如此。该原则针对的也是一个项目团队的人数规模——在叫比萨外卖时，两个比萨就该够团队全员吃了。顺便提一下，鉴于美国比萨的大尺寸，两个比萨基本够 5—7 人吃。

稻盛在《阿米巴经营》一书中指出，阿米巴经营有 3 大目的。它们是：

1. 确立与直接市场挂钩的部门核算制度；

2. 培养具备经营者意识的领导者；

3. 实现全员参与经营。

而其中最大的目的是第 2 项。对此，他后来回忆道："我曾一度羡慕孙悟空，希望像他那样，能通过拔自己的体毛，幻化出无数个自己的分身。而通过反复认真地思索，我最终想出了（阿米巴经营）这个点子。"（《钻石社哈佛商业评论》，2015 年 9 月刊）

而在实践阿米巴经营时，还需遵守几个基本规则。

第一，每名员工都必须具备主人翁意识，把自己视为所属阿米巴的主角，从而实现从"叫我做的事情"向"自己的事情"的工作意识转变。而这正是提升"经营者意识"的终极机制。

第二，确立与市场直接相联系的"各部门单位时间核算制度"。实时掌握每个部门的收入与费用支出，乃是管理会计的基本所在。而通过从中引入时间轴的概念，便能在职场中营造出紧张感和速度感。而这正是阿米巴经营的过人之处。

第三，为了实现该单位时间核算效益的最大化，各部门都要群策群力，开动脑筋。为此，自然需要求解三大联立方程式——增加销售额，削减费用支出，缩短作业时间。

而其中尤为关键的，则要数定价。阿米巴经营强调"定价即经营"，并主张将定价与成本优化进行联动。为此，必须让销售和生产部门都与市场直接联系，并联动协作。

欧美式经营管理的陷阱

纵观制造业，其长期被"提前算定生产所需标准成本"的标准成本法所主导。而哈佛商学院的罗伯特·卡普兰于 1984 年发表的论文更是推波助澜的契机，并创造出了 ABC（作业基础成本

制，Activity-based Costing）理论，即"按照活动量分配费用"的
方式。该理论使计算间接费用以及服务业的标准成本成为可能。
通过分析这种标准成本和实际成本之间的差异，从而找到削减成
本的手段，这便被主流视为"科学的"经营手法。

可事实上，这种过于依赖分析的欧美流派经营手法，在很大
程度上有弱化日企竞争力之虞。该手法最大的劣势在于，其归根
结底只是"成本要素的堆积"而已。

再看附加价值，其并非由"成本＋附加要素"所决定，而是
由市场价格与成本之间的差额所决定。在成本竞争力较强的新兴
发展中国家所施加的压力之下，产品的普及价格区间逐渐下探。
鉴于此，日企若不能实现与市场价格相适应的根本性成本结构改
革，便无法获取理想的利润。

而若想像欧美的制造业企业那样，通过转入高价区间来一决
胜负，前提是必须向市场宣传自身的附加价值，从而获得提价的
合理性。然而多数日企并不具备这种品牌营造和市场营销技能，
因此难以提价，从而陷入"高品质、低利润"的结构性窘境。

而在盲目推崇美式会计学方面，广大日企的另一大失策是引
进了平衡计分卡（Balanced Score Card）（平衡记分卡是一种用于
战略绩效管理的半标准化结构报告，其可用来追踪员工的活动执
行情况等。——译者注）。这又是罗伯特·卡普兰等人于1992年
发表的管理会计体系。该体系旨在对企业战略和愿景进行多角度
分析，即不再限于财务层面，而是将顾客和员工等也包括在内，

基于多个视角，运用定量分析，并与业绩评价挂钩。

在上述管理会计体系刚问世时，不仅在日本，世界上不少喜欢追逐流行的企业都对它趋之若鹜。可结果呢？实际靠它提升了业绩的成功案例，几乎从未曾有过。究其原因，一是其着实过于复杂，二是其基于"用数值管理一切"的思想，而这种思想本质上是缺乏对人性洞察的体现。

反观阿米巴经营，其恰恰弥补了上述美式企业管理手法的本质缺陷。它首先从市场价格（零售价）出发，以此导出合理的成本，然后落实于生产现场。关于阿米巴经营的优越性，稻盛阐述道："阿米巴经营的生产部门并不像标准成本法那样单纯追求低成本，而是回归制造商的初心，着眼于自身的创意工夫，从而创造产品的附加价值。这一点也体现了阿米巴经营对旧有管理会计思想的彻底颠覆，可谓崭新的经营管理体系。"（《阿米巴经营》）

再看上面提到的平衡计分卡，其旨在通过复杂的计数，把员工视为人偶般操纵。这与阿米巴经营的两大原则完全相背离——其一，它违反了"要把事物简单化"的原则；其二，它推崇的"成果主义"也与稻盛哲学"重视人心"的主旨完全相反。

对此，稻盛还指出："我一直认为，但凡企业经营者，皆需对人心具备优秀的洞察力。（中略）反观成果主义，一旦业绩恶化，相关员工就会减薪，从而导致不少员工心生不满、愤懑或嫉妒。因此从长远来看，（成果主义）反而会败坏人心。（中略）而阿米巴经营则不同，其不会根据短期成果来制造员工个体之间悬殊的收入差距，但对于勤勤恳恳、持续奉献且长期业绩优秀的员工，依然会合理评价其能力，并反映在加薪、奖励及升职等待遇层面。"（出处同前）

当然，阿米巴经营也存在待解决的课题。关于这一点，我会在本章最后进行考察分析。

成功方程式

关于稻盛经营的本质，通过一个方程式便能一目了然。

"人生 · 工作的结果 = 思维方式 × 热情 × 能力"

其中的"热情"和"能力"的数值范围为 0 到 100，而"思维方式"的数值范围为 –100 到 100。且方程式的结果是三者的乘积。

由此可见，能力自然是越高越好，但仅凭能力并不行。反之，即便能力平平，只要以超出常人的热情拼命努力，便能创造卓越的成果。

不仅如此，对于能力，稻盛还强调"以将来进行时"来看待能力的重要性。

他指出，"凭借'无论如何都要实现梦想'的强烈信念，再加以真挚的不懈努力，能力必会提升，前途亦会广阔"（《阿米巴经营》）。

可见，若"思维方式"正确，并具备"热情"，便能不断提升能力。换言之,能力并非独立函数,而是思维方式和热情的从属函数。

围绕"热情",稻盛还把人分为 3 类——有火靠近便会燃烧的可燃型、有火靠近也不会燃烧的不燃型,以及会自我燃烧的自燃型。

对此,他阐述道:"我常对部下说:'公司不需要不燃型的人,希望大家都成为自燃型的人,至少要成为可燃型的人。当自燃型的人接近你时,大家能一起燃烧。'"(《活法》)

那么,怎样才能成为"自燃型"呢?稻盛指出,最好、最有效的方法,便是"爱上自己的工作"。

"论什么工作,只要全力以赴把它做成,就会产生成就感和自信心,产生向新目标挑战的渴望。在这个过程中就会更加喜欢自己的工作。在这样的精神状态之下,再努力也不觉得苦,就能做出了不起的成绩。"(出处同前)

不过,说到左右结果的最关键因素,依然还要数"思维方式"。不管能力多强,热情多高,一旦思维方式有误,就会导致严重的负结果。

稻盛认为,前述方程式中的"能力"也可以换作"才能",并告诫"恃才者败于才"。换言之,一个人能不能用好才能、用对才能,完全取决于其"思维方式"。

而这"思维方式",亦可称为"心"。心的好坏,会招致 180度差异的结果。那么何谓"美好的心灵"呢?在《京瓷哲学》中,稻盛列出了其 10 大特性：

· 要拥有乐观向上的态度和富有建设性的思想；

· 要具备能和他人一起工作的协调性；

· 性格要开朗；

· 待人接物时，要抱有肯定的态度；

· 充满善意；

· 体谅他人、温文尔雅；

· 态度认真、正直谦虚、努力奋斗；

· 不自私自利，不贪得无厌；

· 学会知足；

· 懂得感恩。

绝对矛盾的自我同一

前述的成功方程式以及 10 大特性，全都在京瓷、KDDI 和日航这 3 家企业的"哲学"中深深扎根。但要注意的是，对于"思维方式"，若只"知其然"，则并无实际意义。

对此，稻盛强调道："把习得的知识融入自己的血肉之中。换言之，必须彻底理解和吸收这样的思维方式，达到'在任何场合都能灵活运用'的境界。"（《京瓷哲学》）

由此可见，所谓阿米巴经营，其实亦是将该成功方程式运用于实际工作的"自律性习得"手段。从该意义层面看，该成功方程式正可谓贯通于企业哲学和阿米巴经营的稻盛经营公理。

而这其实也是古今东西所共通的公理。比如柏拉图认为价值的源泉在于"真""善""美"三方面。这里的"真"与"能力"类似,"善"与"思维方式"类似,"美"与"热情"类似。古希腊哲学家亚里士多德是柏拉图的学生,也是亚历山大大帝的老师。他把"打动人的三要素"归纳为 Ethos(信赖)、Pathos(共感)、Logos(逻辑)。可以认为 Ethos= 思维方式,Pathos= 热情,Logos= 能力。

而将上述希腊哲学所进行的"要素分解"予以整合及重组的人物,便是本书第 1 部分提及的西田几多郎。西田认为,若追究"真善美"的终极本源,便可发现,它们其实是同一概念的 3 个侧面而已。

对此,他阐释道:"唯有在全心全灵地倾注自身的知见和情感后,方能洞见真正的人格内在要求,即所谓'至诚'。"(西田几多郎著《善的研究》)

而稻盛的成功方程式,可谓与西田哲学的该思想最为接近。通过前述三要素的相乘,便得出了 1 个结果——"至诚"。按照西田的说法,这便是"绝对矛盾的自我同一"的境界。

合弄(Holon)经营的鼻祖

关于次世代组织,迄今为止有多种模型被提出。其中的代表要数合弄（Holon）组织和青色（Teal）组织。先说结论，阿米巴经营可谓这些"次世代新模型"的先驱鼻祖。

"合弄（Holon）"一词最早由生于匈牙利的小说家阿瑟·库斯勒创造，日本将其译为"全体子"，意为"个体与整体的有机和谐"。比如生物在灵活应对环境变化时，其每个细胞又在进行自律性活动，从而维持整体的和谐状态。

而将该"合弄"概念运用于企业经营的方法论，便是"合弄经营"。我已故的父亲名和太郎（时任报刊《朝日新闻》编委）在他所著的《合弄经营革命》一书中，便在大力倡导该模式。合弄经营旨在让组织整体和组织成员各司其职，并在应对环境变化的同时，让整体及个体皆能充分发挥作用。

合弄经营具有以下 3 大优势：

1. 与知识生产型组织及工作相适应；

2. 与需要适应复杂环境及跨行业的工作相适应；

3. 有助于在企业内培养企业家型人才。

这些优势恰恰与阿米巴经营的特质相符。而且我父亲自己在列举合弄经营的典型企业时，就提到了京瓷。

犹如有机生命体的青色（Teal）组织

此外，青色（Teal）组织也开始受人瞩目。该组织模型由我在麦肯锡公司任职时的同事弗雷德里克·莱卢在其著书《重塑组织》中提出。

青色组织理论将组织的不同进化形态以 5 种颜色来表示：

红色（Red）组织：冲动型（例如：狼群）

琥珀色（Amber）组织：服从型（例如：军队）

橙色（Orange）组织：成就型（例如：机器）

绿色（Green）组织：多元型（例如：家庭）

青色（Teal）组织：进化型（例如：生命体）

弗雷德里克指出，在 20 世纪，橙色组织占优势；到了 21 世纪，绿色组织和青色组织逐渐成为许多企业所追求的目标。但绿色组织属于一味重视人际关系的"乌托邦世界"，其有逃避严酷现实之嫌。因此他提倡适应环境变化，且个体与整体共同进化的青色组织。

他还指出，要成为青色组织，必须具备 3 大条件：①自我管理（Self-management），②整体性（Wholeness），③进化目标（Evolutionary Purpose）。

该组织模型看似十分新颖，其实是合弄组织的翻版而已。而在日本，其以"阿米巴组织"的形态，已然存在和运作了半个多世纪。这让人再次认识到稻盛经营模式是多么先于时代，是多么放之四海而皆准。

宇宙的两大法则

　　以上概览了稻盛经营的精髓所在。从中可见，其经营思想之所以坚如磐石，是因为有"哲学"和"阿米巴经营"这两根重要支柱。但另一方面，从中亦可窥见其仍未解决的课题。我下面会分别针对哲学和阿米巴经营，分析它们各自的本质性课题。

　　先说哲学，对于其根本概念——"何谓正确""何谓善"，必须持续设问和思考。比如在 20 世纪或昭和年代，人们普遍追求"进步"和"成长"，这便是那个时代的正确和善。可如今，倘若继续让欲望经济加速失控，并让数字经济推波助澜，人类发展就会撞上现实的天花板。鉴于此，如何向"可持续发展"的轨道修正，已然成为全球规模的课题。

　　稻盛哲学中有"树立远大目标"的条目，但该目标不可止于企业规模和财务数字范畴，而应在追求经济价值的同时，努力创造社会价值。说得更严密一点，即实现社会价值才是"大义"，而经济价值（企业利润）只是为了实现前者的手段而已。既然如此，在价值观呈多样化的今天，就必须真挚地持续探讨"何谓社会价值"。

　　稻盛认为，宇宙存在两大法则——"成长发展的法则"与"和谐的法则"。若盲目地一味追求成长发展，就会破坏宇宙的平衡，其结果只能是衰退和消亡。为了避免这种情况，他指出："随着不断成长，'和谐'愈显重要。"（《心：稻盛和夫的一生嘱托》）

这不仅仅是企业的课题，亦是国家乃至个人的课题。

稻盛还强调："现在就有必要建立新的国家理念，建立新的个人生活的指针，用以替代'经济增长至上主义'。"（《活法》）

关于这个十分重要且贴近时代的课题，我会在本书终章予以进一步论述。

从自律到异结合

再说阿米巴经营，其剩下的课题包括"如何如生命体一般不断进化"。同时，作为企业，"如何凭借阿米巴经营来持续获得经济效益"。

关于组织与经济效益的关系，一般以"两大轴"来表示（图1）。纵轴为规模经济（Economies of Scale）和范围经济（Economies of Scope），它们属于大企业及综合企业（Conglomerate company）所追求的经济效益领域。而横轴为技能经济（Economies of Skill）和速度经济（Economies of Speed），它们属于中小企业及初创企业所擅长的经济效益领域。

通常来说，随着企业的成熟，其会逐渐向纵轴转变，但结果又会牺牲技术创新和反应速度，即如图的左上区域所示。也就是所谓的"大企业病"。

可京瓷却不同，其一直保持着中小企业及初创企业的优点。因为其在向着横轴方向进化，属于图中的右下区域。但另一方

面，其难免牺牲规模经济和范围经济。其结果导致企业成为自律
分散的多个中小企业型组织所组成的集团。有人认为，这正是阿
米巴经营的"陷阱"。

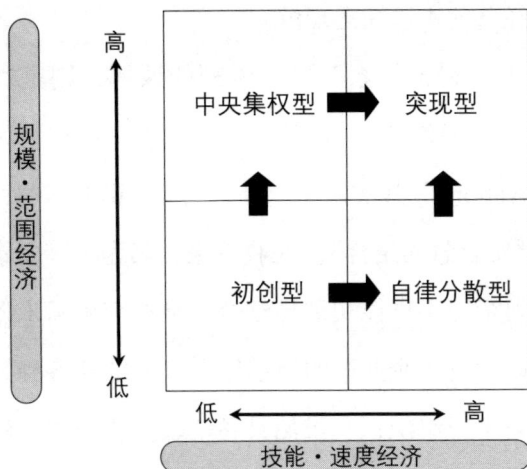

图 1　向突现型（Collective Brain）网络化组织的进化

　　关于该弊端，稻盛当初就心中有数，因此在推行阿米巴经
营时，为了避免陷入"重视局部"的陷阱，他一直要求员工具备
"为了公司全体"的大局意识。

　　对此，他阐释道："各巴长作为在同一企业工作的同人，必须
站在全公司的角度，以'作为人，何谓正确？'的原理原则作为
判断基准。虽然守护和发展自己的阿米巴是前提，但同时必须具
备'以公司全体为优先'的利他心，才能让阿米巴经营模式成功

运作。"(《阿米巴经营》)

此处需要"追求个体与整体双赢"的高度平衡感。而这其实正是合弄组织、青色组织的基础，也是阿米巴经营的要诀。反过来说，倘若陷入了前述的所谓"阿米巴经营的陷阱"，恰恰是因为对阿米巴经营的本质缺乏理解。

而比处理"利害关系"更为深刻的课题，则是"如何让智慧在各阿米巴之间流通"。经济学家约瑟夫·熊彼特发现，所谓"创新（Innovation）"其实源于"新结合"。我将其解读为"异结合"，即"异质智慧的结合"。在我看来，其为关键要素。

同质的阿米巴不可能实现异结合。唯有突破阿米巴的细胞壁垒，甚至突破"自家企业"的组织壁垒，方能使各种智慧自由结合。但纵观阿米巴组织，其虽然具备"表面积巨大"的优势，但在"各个小组织跳出自身职权范围，实现自由活动"方面，则存在物理层面的局限。

京瓷的现任社长谷本秀夫在最近接受的一次采访中坦言道："从 1959 年创立至今，随着业务的不断扩大，京瓷的阿米巴也不断分裂，各事业部形成了上情下达的文化。在大规模量产的经济高度成长期，其发挥了作用。可如今，市场需要的是近似按需定制的灵活反应。反观我们京瓷的现有体制，各事业总部无法做到如此灵活机动——既无法独立经营，也无法及时把隶属于发展前景较低的业务的人才调配到发展前景较高的业务中去。"(《日本经济新闻》，2021 年 3 月 3 日刊)

可见，就连京瓷也遇到了自律分散型的阿米巴经营的瓶颈。因此从 2021 年 4 月起，其开展了改革，将原有的 16 个事业部集约为"核心组件""电子零部件""解决方案"这 3 大部门（Segment），并将集团董事任命为各大部门的负责人。对此，谷本解释道："在组织管理层面，我们会保持阿米巴经营模式，但今后需要通过不断合并和拆分阿米巴，实现资源的有效整合与分配。为此，各大部门负责人被赋予了调配自家部门内部人才的权力。"（出处同前）

但这样依然难以突破各大部门壁垒及实现自由化"异结合"。解决该课题的工具是"数字化网络"。具体来说，即凭借数字化技术，实现与企业内其他阿米巴乃至企业外的"异质角色"之间的自由联系，从而构建"共创关系"。这便是图 1 中右上部分名为"突现型（Collective Brain）"的构相（Topology）。

换言之，阿米巴经营若能灵活运用这种数字化技术的力量，便能从"二元对立"大幅进化为"二元合一"。

第五章
CHAPTER 05

永守战略的真髓

① ▶ ⑪

永守 3 大精神

永守把自己的人生哲学和经营哲学归纳为"3 大精神"：

①热情、热忱、执着

迸发的热情、沸腾的热忱、敢于直面困难的执着。在其同名著作中，永守指出："唯有通过不断实干，才能把所谓'运气'吸引过来。"此外，他还有下列名言：

"成事与否，首先取决于当事人'我能'的信念。当树立起'我能'的自信时，其事业已经成功了一半。"（《要学会打动人！》）

永守也和稻盛一样，认为人能分为自燃型、可燃型和不燃型 3 种。不过对于自燃型人才，永守有自己的叫法："火柴人"。他还指出，一个企业若能将"火柴人"增至 10%，同时将"灭火人（不燃型员工）"减至 10% 以下，便能脱胎换骨。

那么，如何能成为永守口中的"火柴人"呢？对此，永守说答案只有一个："志向远大"。正可谓"万事皆由志始"。

②智慧型奋斗

要想让①的念想开花结果，就需要高层次的干法。对此，他指出："行动时，要将'智慧'与'时间'相结合，并坚信自己终会胜利。"（《挑战之路》）

已故的本田宗一郎有如下名言："唯有时间，是神灵公平赐予众人之物。而如何有效利用时间，则取决于个人的智慧。用好时间者，方为成功者。"

而永守也把努力工作（Hard Working）视为"企业成长的原理原则"。他感叹道："在美国（以及最近的中国），有不少努力工作的年轻企业家，他们以超越日本人的勤奋态度，勇于追逐自己的浪漫梦想。"（出处同前）

③"立刻就干！一定要干！干到成功！"

本田宗一郎当年有名的口头禅是"不去尝试，能懂什么？"。意思是在啰啰唆唆罗列诸多借口之前，姑且先马上尝试去做。而永守则更进一步，提出"要干到成功为止"。这份执着，完全体现了他的作风。

正如第2章中所述，永守十分中意日剧《Doctor-X ~ 外科医·大门未知子 ~ 》中主角的名台词——"我不会失败"。问其原因，永守答道："因为我不到成功绝不放弃。"

此外，永守还信奉"速断速决"。据他本人介绍，他做出1个决断只需花费3秒，且每天平均要定夺300件事情。当然，他不可能件件都判断正确。对此，他说道："这就像相扑比赛一样，15回交手，哪怕8胜7负，也属于总体取胜。"而随着经验的积累，其"胜率"也日益提升。在与我的对谈中，他说自己最近已达到"13胜2负"的水准。

对此，我下意识地"刁钻"反问道："那您还是有失败的吗？"结果他回应道："若能从失败中切实学到东西，就能为成功开辟道路。"

据说在谷歌，每当公司有项目遭遇失败，员工们反而会庆祝。这一度成为硅谷佳话。因为失败是学习的重要源泉，是转折的重要契机。而永守在过去的 50 年间，始终如此一以贯之。因此他即便在"局部战"中偶有失利，但大局上一直是常胜将军。

智慧型奋斗

而在上述 3 大精神中，要数"智慧型奋斗"最能代表永守经营的特色。自创业伊始，他就把"比别人多干 1 倍"视为座右铭，可谓物理层面的"努力工作"。

而在进入 21 世纪后，他说道："如今的日本电产不同于创业初期时那种'单纯依靠年轻活力'的蛮力奋斗型组织，但这并不意味着我们抛弃了'奋斗'的光荣传统。而是从折腾肉体的劳动型奋斗，逐渐向利用头脑的'智慧型奋斗'转型。"

在 2005 年出版的《热情、热忱、执着的经营》一书中，永守提出了上述思想。

而在 2016 年，他又突然宣布"在 2020 年之前实现零加班"，这惊动了整个日本社会。而在仔细分析后便可知，该决议声明其实是促使员工在"努力工作"方面进行升级。

在接受《日经 Business》杂志总编采访时，永守对此解释道：

"努力工作没有错，错在效率低下的长时间工作。"

他进一步阐释道："目前我们日企的工作效率几乎只有德国企业的一半，因此才导致加班不断。要想不加班，唯有将工作效率提升 1 倍。所以说，我并不是为了零加班而倡导零加班，而是在督促员工将工作效率提升 1 倍。反之，若不提升工作效率而搞零加班，就只能多雇人，或者给员工降薪。而这两种做法皆属企业的失败。"（《日经 Business》，2018 年 3 月 30 日刊）

为了将工作效率提升 1 倍，需要从根本上提高英语能力和管理能力。为此，永守计划投资 1000 亿日元。

而在决定上述投资之前，他便早有布局——2015 年开办永守经营塾；2016 年将其升级为全球经营大学，并亲自担任校长；2017 年，他在总公司前面建起 10 层楼的"全球研修中心"。而从全球经营大学创立之初，我便以主导协调专员的身份，以英语授课的方式，从事次世代企业经营者的培训工作。

日本的"产官学界"（产业界、政府和大学或研究机关的总称。——译者注）与媒体一起，大力鼓吹名为"工作方式改革"的国策。但若仅仅取消加班，显然会使日本的竞争力大幅削弱。为了不重蹈"平成失败"的愚蠢覆辙，日本需要的并非所谓工作方式改革，而是倍增工作效率。为此，其本质课题在于"如何以数字技术为杠杆，实现人才技能的根本飞跃"。

而永守的"智慧型奋斗"思想便在进行相应的新升级、新尝试，其目的是"实现高层次的人才成长"。

永守 3 大经营手法

永守经营的最大特色是简单易懂。与热衷论述高深的宗教、哲学思想的稻盛不同，永守习惯以日常生活的事物为喻，阐释平易近人的道理。

而集该本色之大成的，便是永守 3 大经营手法。它们是"家庭账本式经营""切丝式经营""挖井式经营"。

①家庭账本式经营

即支出与收入相匹配。这与贤惠的家庭主妇或主夫的家庭账本同理。若收入因经济环境而改变，则家庭开销亦需做相应调整。而为了诸如子女教育和购房等大笔投资，就需要切实进行储蓄。企业经营亦是如此——除了将费用支出控制在与收入相符的范围内，对将来的投资亦不可懈怠。此为企业经营的"基本"。

永守把利润率不到 10% 的业务视为赤字业务。因为利润低下会导致恶性后果——其不但使企业无法承受经济环境的恶化，而且还会使企业拿不出投资未来的资金。

在日本电产每个月的经营例会上，每项业务的负责人座位前摆着绿、黄、红 3 种颜色的旗子。若负责人的业务未达到 10% 这一利润率及格线，就必须坐在前面摆着红旗的座位上。按照如今主张"温柔职场"的风潮，此举恐怕会被扣上"权力霸凌"的大帽子。但日本电产的干部们却把这样的"屈辱"视为动力，誓要突破"赤字业务"的困局。

另一方面，对于以"打造超优良业务"为目标的"优等生"而言，绿旗太不过瘾。在听取了这类"勇者"的意见后，永守又添加了"金旗"。在与我的对谈中，他说道："早晚还得加白金旗。"从他的口气来看，这既像开玩笑，又不像开玩笑。对此，我下意识地感言道："您这样搞得好像美国运通信用卡似的。"然后他笑着回应道："如果是黄卡和红卡，都不能拥有运通信用卡啊！（美国运通信用卡按颜色分为3档：绿卡、金卡和白金卡。——译者注）"这便是永守经营的卓越之处——培养各项业务负责人的"自律性经营"意识。

②切丝式经营

即把问题"分解切细"，从而化整为零、逐个攻克。不管多么困难的问题，只要将其要素予以细致分解，便能易于解决。

我当年在麦肯锡公司工作时，便彻底养成了这种解决问题的技巧习惯。企业经营课题往往颇为复杂，课题越是巨大，就越不能妄图"一股脑儿整个解决"，否则会令人崩溃。应该从问题的构造入手，抽丝剥茧，提取出其主干要素。在麦肯锡公司，这被称为问题的结构化（Structuring）。关于其具体方法论，请参看拙著《麦肯锡 & 波士顿解决问题方法和创造价值技巧》。

永守并未采取麦肯锡公司这种教科书式的手法，但他的"切丝式经营"在核心本质上却与专业经营咨询机构的解决方案不谋而合。换言之，在永守的培养下，日本电产的经营干部们已然成为一支解决问题的专家级队伍，他们能够对看似十分棘手的实际经营问题进行"切丝",从而各个击破。

永守革新法的真髓

③挖井式经营

此可谓永守 3 大经营手法中最具永守特色、最得永守革新法真髓的部分。

在干部研修活动中,永守会现身说法,介绍自己幼时的经历:"小时候,每天早上母亲都会背着我去附近的井里打水。在母亲背上的我不禁担心'天天这么打,水不会被打完吗',于是问母亲。而她告诉我'井水留着不用只会变质,反而越用越新,活水不断涌出'。第二天早上我往井里一瞧,水的确又满了。"

他据此阐述道,"企业经营亦是如此,要不断求变,持续提出新点子。若惜于出点子,则点子就会渐渐过期无用。反之,若能不安于现状,不断'贪婪'地尝试新事物,点子就会如井水一般持续涌出。"

说到井,松下电工(如今的 Panasonic Life Solutions)自创业以来,也一直秉承着"自流井"理念——若把井深挖至地下水脉,井水便不会枯竭。干事业亦是如此,只要彻底钻研,就能开拓未来。总之,永守的"挖井式经营"也好,松下的"自流井理念"也好,其共通之处在于"深化探索"。

而如前述,"二元性经营"是当下的热炒概念。而日本产官学界又与媒体串通一气，似乎一相情愿地认为"二元性经营才是日本复兴的最后王牌"。

"二元性经营"理论源于斯坦福大学的查尔斯·奥莱利教授等人共著的《二元性经营》一书。该理论主张企业必须在"深化"既有业务的同时"探索"新业务。这听起来似乎理所当然，可不少日企如此实践了30年，却最终上演了"平成失败"的悲剧。其问题出在哪里呢？

问题出在对于"深化既有业务"和"探索新业务"，这些日企是"分别独立推进"的。换言之，忠实执行《二元性经营》一书的宗旨，结果却换来"两空"——既有业务凋零，新业务无法开花结果。

正确的做法是深入挖掘既有业务周边的可能性（即进化），从而催生该企业特有的创意革新，进而不断培养出茁壮成长的新业务。反之，倘若偏离既有业务，不管进行多久的肤浅探索，也无法催生能形成规模的新业务。

其实在美式经营理论的"发源地"——美国西海岸，一众超优良企业早已将"二元性经营"打上了失败的烙印。可日本却把它当个宝，将其视为"世界标准"，这与其说是悲剧，不如说像喜剧。

而永守对于这种浮夸的经营论一概不理。源于其自身50年的经营经验的实践真知，才是永守经营的主轴。可见，他提出的"挖井式经营"是日本乃至全世界应该学习的革新本质理论。

　　如第 2 章中所述，永守 3 大经营手法可谓源自他幼时从母亲那里得到的教诲。该 3 大手法皆属极为理所当然的常理，是人人都能实践的企业经营基本原则。日本电产正是通过把该 3 大经营的基本技能深入贯彻至全体员工，从而实现了超规模的成长发展。至于日本电产所收购的 60 多家公司，永守亦凭借向它们植入 "3Q6S" 的现场力以及上述 3 大经营力，从而使它们实现了脱胎换骨般的转变，成为业绩成长型企业。

　　对此，在《热情、热忱、执着的经营》一书中，永守阐述道："若探寻企业经营的极致，最终导出的结论其实非常单纯明快。该结论即'遵循原理原则，理所当然地行理所当然之事'，仅此而已。人们常说'坚持就是力量'，这与我所强调的原理原则同理，即毫不妥协，毫不退缩，踏踏实实地坚持实行'道理人人都懂的理所当然之事'。除此之外，并无其他成功秘诀或捷径。"

　　这便是 "永守魔力" 的本质——其实并没有什么魔术和机关，只是彻底到位地行理所当然之事而已。而这正是永守经营的精华所在。

育 "兵" 为 "将"

　　永守经营的另一大奥义是 "变人术"。这里的 "变人" 并非指 "怪人"（日语中的 "变人" 一词有 "怪人、怪胎" 之意。——译者注），而是一个动宾短语，即 "改变人" 之术。

在日本电产创立的第 2 个年头（1975 年），在做好相应准备后，永守决定首次招聘新员工。可左等右等，却无人前来应聘。第二年，他又锲而不舍地继续开展招聘工作，结果只有若干名学生前来应聘，且皆是三流大学出身。如果拿日本将棋的棋子来比喻，则他们都是"兵"而已。于是永守思考道："把'兵'类人才切实栽培为'将'，这便是我身为企业经营者的职责。"（《挑战之路》）

之后，随着日本电产一路高歌般的发展，一流大学的毕业生也渐渐应聘入职。即便如此，永守也一直自励自诫——"不管是聘用方还是被聘用方，都必须具备'立志为将'的热忱和执着，否则人才培养便无从谈起。"

前面也提到，永守一贯认为人与人之间的能力差距最多 5 倍，但意识差距可达 100 倍。鉴于此，即便员工能力平平，甚至只有优秀人才的 1/5，但只要其思想意识提升至优秀人才的 100 倍，其照样能创造出比优秀人才好 20 倍的成果。

《要学会打动人！》是永守所著的畅销书。在该书中，永守毫无保留地公开了 100 种"打动员工、激励员工"的手段。

而其中的 10 种尤其能体现永守独特的个人风格。

第 1 条：若争一流、争第一，别人就会追随你；

第 6 条：能否自信地说："没有比工作更有乐趣的事儿了"；

第 11 条："下属无用"的问题归咎于领导自身；

第 30 条：有时可以通过贬斥对方，使其燃起斗志；

第43条：要让下属做其擅长之事；

第65条：要教给下属"通往一流之路势必痛苦崎岖"的原理原则；

第70条：若一味灌输团队合作，则会削弱员工的决断力和领导力；

第95条：锤炼下属并督促其上进心，方为领导之职责；

第98条：要抛弃"不想被人讨厌"的本能；

第100条：要用梦想和浪漫，去买断下属的未来。

上述手段皆与如今主流的"好公司""好上司"的画像相距甚远。而永守的第96个手段——"不要被世间的所谓'常识'左右"（出处同前）恰恰是典型。在该书中，永守一边批判当下主流思潮的时代性错误，一边强调"日本电产绝不会丢掉'努力工作'的光荣传统"，并阐述如下。

"每次我与世间的'常识'正面对峙，且因为如此贯彻信念而获得好的结果时，他们（员工们）与我之间的纽带便更为紧密。反之，若企业经营者缺乏信念并被世间的错误常识所迷惑，则其最终会失去人心。"

这听起来似乎是"过时"的精神论，但"基于爱意的严格"正是"永守魔力"的精髓所在。越是研究永守，越发现他是天才级"洗脑大师"。

永守一直认为"光靠IQ（智商）并无法打动人"，因此他强调"EQ（情商）"的重要性。对此，他阐释道："何为高情商？若用一句话概括，即通过行动和语言，使对方感动或感激。

"通过与对方共享喜怒哀乐，来唤起对方的共感和共鸣。或者在下属痛苦烦恼时，予以深刻体察，并主动出手相助。越是在OA化（办公自动化，Office Automation，简称'OA'。——译者注）和FA化（工厂自动化，Factory Automation，简称'FA'。——译者注）日益推进的今天，企业管理越需要这样的'人味儿'。

"我坚信，在不久的将来，与研究机械的技术人员相比，研究人的技术人员能取得更大的成果。"（以上皆引自《要学会打动人!》）

为此，永守还指出"必须放下身段，与下属视线相平"。用他的特色语言来说，就是"站在对方的相扑台，打自己的相扑赛"。换言之，他认为领导应具备的基本意识是"对方（员工）才是主角，自己只是启发、督促、激励的配角"。

奖牌承包人

在日本电产的全球经营大学开校的第1年，永守请到了时任日本国家花样游泳队主教练的井村雅代当演讲嘉宾。井村雅代可谓声名远扬，她被誉为"日本花泳教母"，还有"奥运奖牌承包人"之称。她曾被聘为中国国家花样游泳队主教练，并在北京奥运会上为中国队争得铜牌，一度震惊了日本泳界。之后，她又重返日本国家队主教练之位，并在里约奥运会上为日本队争得铜牌。她的壮举，令人至今记忆犹新。因此当这位大人物答应前来登台演讲时，全球经营大学特意把地点选在刚建成不久的研修中心的大厅。当天，日本电产的不少干部和员工专程前来听讲。

井村以"魔鬼教练"而闻名，还著有《爱之切，叱之深》一书。而我在第1章中提到的山中伸弥教授，据说亦是该书的拥趸。从该书的一些名言中，亦可确定井村的"魔鬼特质"。

"如果想让队员有所提升，哪怕只比现状提升一步，也要予以认真叱责。"

"被（队员）讨厌反而最好。假如被队员喜欢，会不好意思让其苦练（笑）。"

"不是说不能表扬队员，但队员越是努力，就越要对其狠心，为其设定更为艰苦的任务和难度。"

"哪怕队员没有一流实力，也要让其超越自我，不然我不会罢休。"

"我坚信，只要教练不放弃，队员就一定还有提高的空间，因此我从不放弃。"

"为了让队员体验到成就感，'逼其就范'的强硬态度不可或缺。"

"成为一流选手的条件，在于'不给自己设定界限'的'心理建设能力'。"

按照如今的主流价值观，上述任何一条都完全可以被扣上

"权力霸凌"的帽子，可井村对这样的批判充耳不闻。她只是一心为了出成绩而努力，而一旦出成绩，队员就等于获得了回报。这便是井村推崇的"世界一流人才培养法"。

她的这种信念和言行，可谓与永守如出一辙。在演讲结束时，现场迸发出雷鸣般的掌声。而永守更是抑制不住兴奋，径直冲上讲坛，一边拥抱井村，一边大声说："我们是失散多年的同卵双胞胎啊！"

这或许让人不禁认为永守经营完全就是"学校体育生社团中常见的热血精神论"。但事实上，其比表象要深奥得多。究其本质，与空间轴相比，其更重视时间轴。关于这一点，我在第 3 章中谈到其"放大和缩小思维"时已有所提及。

2020 年初夏，当时正值新冠肺炎疫情全球肆虐之际，我有幸与永守进行了两小时的远程对谈。在该对谈后，我发表了一篇论述永守经营的文章（发表于《钻石社哈佛商业评论》，2020 年 9月刊）。虽然内容稍显冗长，但请允许我在此全篇引用。

以"主观正义"展望及实现未来

永守经营的精髓，在于基于"远近复眼思考"的经管手法，即在审视观察时不断放大和缩小，同时关注社会、经济的长期波动及短期变化，从而获得确切的相关信息。基于远未来描绘愿景，并凭借该愿景拉动 1 兆 5000 亿日元规模的企业不断前进；

同时关注微小变化，预测近未来，从而凭借微观管理，不断推动组织及业务结构的改革和进化。通过这种表里一体的二者紧密联动，永守实现了日本电产的一路飞跃。

反观众多日企，皆采用偏重于中期经营计划的管理方式，因此从根本上欠缺上述长期愿景和微观管理，从而导致它们难以抓住重大商机，也无法敏捷应对眼前变化。

那么永守先生是如何实践他的远近复眼经营的呢？先说远未来，他时刻关注中长期波动，将"否极必泰来"视为前提。商业周期（business cycle）学说中有一系列广为人知的周期理论。它们包括引领技术革新的康德拉季耶夫长波（苏联经济学家尼古拉·康德拉季耶夫提出的周期循环概念。——译者注）（大约以50年为1个周期）、始于建设投资的库兹涅茨长波（俄裔美国经济学家西蒙·库兹涅茨提出的周期循环概念，其也被称为"建设周期"。——译者注）（以20～30年为1个周期）、始于设备投资变动的朱格拉长波（法国经济学家克里门特·朱格拉提出的周期循环概念。——译者注）（大约以10年为1个周期）。永守先生虽然不使用上述经济学术概念，但他在描绘日本电产的未来蓝图时，的确以上述3大周期为基础。而与我的对谈中，他提到当年创业时制订的50年计划，并说自己已在去年制订了第2个50年计划。此外，他还聚焦于30年后的2050年，并在为之推进研发用于人形机器人的小型省电马达。而在雷曼事件已经过去了10个年头的去年，他预测"明年（2020年）会有大事发生"，从而做出了削减固定费用的指示。

换言之，他以 50 年后、30 年后、10 年后的未来为基线，进行回测（Back cast），从而制定战略，尽早应对。

而他制定"在 2030 年度实现 10 兆日元销售额"的长期目标的依据，则是他口中的"5 大浪潮"（即：去碳化、数据爆发、省电化、机器人化、物流革命）。这种展望未来的方式，也十分符合他的风格。如今听起来或许理所当然，但其实是因为现在有越来越多的企业把 ESG（环境·社会·公司治理）投资和 SDGs 作为自身长期经营愿景的基础。可永守先生早在 5 年多前，就开始认真应对这"5 大浪潮"了。

而最能体现永守风格的，是他完全不使用诸如 ESG、SDGs 之类的术语。他一直不喜欢被人强加价值观或者拾人牙慧。换言之，他并非"客观正义"的信徒。

在摆大道理之前，先去实行实践，从失败中学习，然后再次挑战和尝试。这便是永守先生的作风。在这样的过程中，"主观正义"水到渠成。而正因为上述"5 大浪潮"概念源于他这种独创的主观正义，所以才能深入人心、引人共鸣，最终成为一种既有概念（即客观正义）。永守先生最清楚，拾人牙慧并不能打动人。

以志向为核心的"志本主义经营"

永守经营的另一特征是"关注近况"。他以周为单位，不断仔细审视相关报表的具体数字。美国硅谷有句话叫"革新@边缘"，意思是革新创意往往发生在边缘（尾部·边境），而非位于中心处的企业总部。而永守先生正是如此关注着边缘的变化程度，且不忽视微小的变化。他这种对于变化的高敏感度，使微观管理成为可能。

但边缘信息中混杂着各种噪声，而他凭借"永守算法"，对它们进行筛选和取舍。这可谓 IoT（物联网）型经营，即依靠置于组织现场的传感器来收集海量信息，然后通过人工智能予以筛选、分析及预测。

该经营模式与生物基于环境变化而实现进化的过程一致。即"反应""联动""进化"的过程。

但凡生物，其体内（组织）皆在持续对外界产生"反应"。若无反应，则意味着死亡。企业组织亦同理——只要还在开展业务，其对外界的"反应"就不会停止。而永守先生则凭借传感器，实现对这种现场"反应"的感知，从而捕捉变化的征兆。

而所谓"联动"，即破旧求变。去年入秋时，永守先生便察觉到了经济环境变化的浪潮，因此当新冠肺炎疫情一出现，他便迅速启动了第四次 WPR 改革。这种在把握"反应"的基础上的破旧求变之举，便属于"联动"。

而"进化"即转守为攻——在通过 WPR 强化"企业体质"、实现"成本瘦身"后，永守先生又一鼓作气地大举投资——在中国大连投资了 1000 亿日元。

顺便提一下，永守先生的"进化"战略，与韩国三星的李健熙会长有共通之处。当年，在次世代半导体及显示设备的需求尚未暴增之前，李会长便通过巨额投资，夯实了三星的量产体制，并凭借市场渗透定价法（即在将新产品引入市场时便制定较低价格，从而吸引顾客、占领市场，取得较大的市场份额。——译者注），把以日本大牌电子设备制造商为代表的一众竞争对手踢出局。

而永守先生如今不顾眼下的赤字，巨额注资于牵引马达（Traction motor）等 EV 核心部件的研发和量产项目，亦属于旨在称霸 10 年后的市场的"进化"战略。

他之所以能如此胆大心细，之所以能实现将微观管理和远大愿景像 DNA 双螺旋结构那样兼容并包的远近复眼经营，是因为他坚持以"志向"为核心。这"志向"，也就是他口中的"梦想"。

一般来说，倘若连鸡毛蒜皮都管，事事亲自指挥，把微观管理进行到底，现场和基层员工就会感到厌烦，从而丧失主观能动性；而倘若只是拾人牙慧般地"画大饼"，则难以聚拢人心、打动员工。

但永守先生不同。首先，不管经营状况多么严峻，他都不会说丧气话，而是以自己朴素平实的语言，向员工描绘远大的梦想，并通过 WPR 等微观管理手法，使梦想成真。

换言之，他让年轻员工尝试挑战、从失败中学习，然后再次尝试挑战，从而实现了日本电产的持续进化。

可见，永守的远近复眼经营并非创造性破坏（Disruption），而是生物进化型的经营模式，也是以志为本的"志本主义经营"。这便是我对永守经营的分析结论。

而我上述的远近复眼经营及志本主义，其大局观及价值观其实与稻盛经营本质相通。关于这一点，我会在下一章后予以详细论述。

成长性企业的 4 种类型

永守经营在过去 50 年里一直在不断创造佳绩。纵观从昭和年代至现在的岁月长河中，持续实现飞跃式成长的"日企三巨头"要数日本电产、迅销集团和软银集团了。正如前述，这 3 家企业的创始人由于常常豪言壮语而被人调侃为"吹牛 3 兄弟"。而永守，自然是这"3 兄弟"中的老大。

永守曾豪言道："要把（日本电产）打造成 100 年后依然持续成长的企业。"鉴于此，我下面将基于次世代经营模型，探讨日本电产今后应解决的课题。

针对在日本"失去的 20 年"中独树一帜的一批"成功企业"，

我曾分析过它们的成功因素。具体请参考拙著《"失去的 20 年"中春风得意的企业盘点——这 100 家公司的成功法则》。而我在该书中使用的模型，是将企业经营按照"4 大关键条件"进行要素分解的方法论（图 2）。

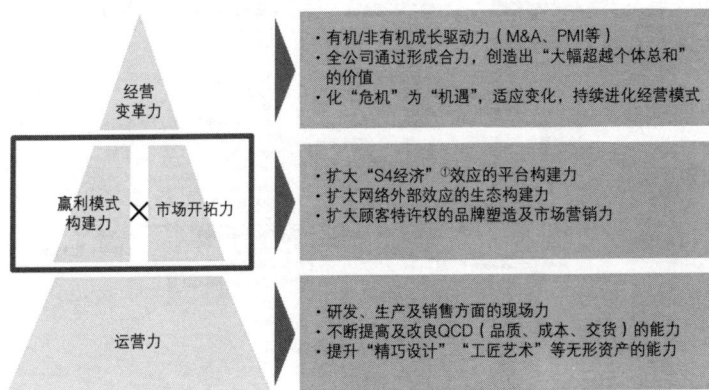

图 2　次世代经营模型的基本构造

① S4 经济是指规模经济、范围经济、技能经济、速度经济。

其中，运营力是基础，然后是两大成长引擎——"赢利模式构建力"和"市场开拓力"，再上面是名为"经营变革力"的推进力。我曾以委员身份加入"竞争力强化研究会"。该研究会作为向政府献计献策的智库机构，曾向当时安倍晋三执政的政府提出名为"第三支箭"的成长战略建言。而我得出的上述经营模型亦被写入了该成长战略之中。

通过把上述 100 家成功企业按照该 4 大关键条件进行分析，

则可将它们归纳为 4 大类型（图 3）。

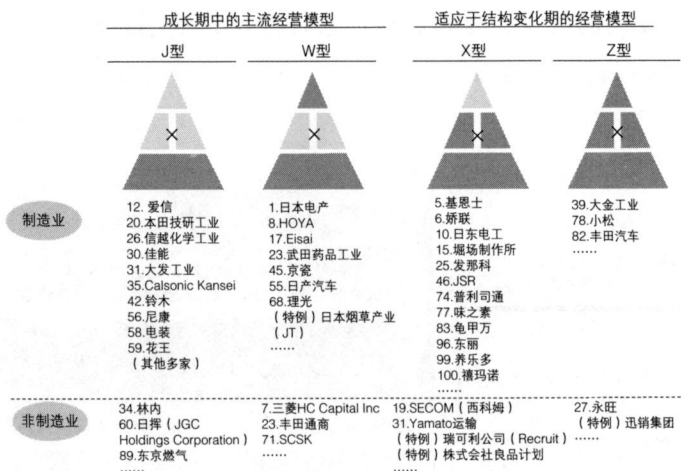

	成长期中的主流经营模型		适应于结构变化期的经营模型	
	J型	W型	X型	Z型
制造业	12. 爱信 20. 本田技研工业 26. 信越化学工业 30. 佳能 31. 大发工业 35.Calsonic Kansei 42. 铃木 56. 尼康 58. 电装 59. 花王 （其他多家）	1.日本电产 8.HOYA 17.Eisai 23.武田药品工业 45.京瓷 55.日产汽车 68.理光 （特例）日本烟草产业 （JT） ……	5.基恩士 6.娇联 10.日东电工 15.堀场制作所 25.发那科 46.JSR 74.普利司通 77.味之素 83.龟甲万 96.东丽 99.养乐多 100.禧玛诺	39.大金工业 78.小松 82.丰田汽车 ……
非制造业	34.林内 60.日挥（JGC Holdings Corporation） 89.东京燃气 ……	7.三菱HC Capital Inc 23.丰田通商 71.SCSK	19.SECOM（西科姆） 31.Yamato运输 （特例）瑞可利公司（Recruit） （特例）株式会社良品计划	27.永旺 （特例）迅销集团

图 3　4 大类型

　　第一种是光靠运营力胜出的企业。其中不少是造车或精密机械等制造业的企业，它们凭借卓越的现场综合力，在竞争中占据优势。由于它们沿袭了日企传统的"制胜模式"，因此我称之为"J 型"（取自"Japan"之意。——译者注）。

　　第二种是兼具运营力和经营变革力的企业。由于它们兼具并发挥着作为日企优秀传统的运营力和欧美企业风格的经营变革力，因此我称之为"W 型"（取自"Double"之意。——译者注）。纵观全球，杰克·韦尔奇掌权时代的通用电气和李健熙掌权时代的三星电子可谓其典型。而在日企中，该"W 型"的成功案例却极少。

第三种是在运营力的基础上具备"赢利模式构建力"和"市场开拓力"这两大成长引擎的企业。若只靠卓越运营（Operational excellence，OE），则终究跳不出"内部改善"的范畴，而依靠上述两大"涡轮增压引擎"的加持，企业便能实现非连续性数量级的成长。由于该两大引擎相互交叉，因此我称之为"X型"（取自"Cross"之意。——译者注）。

第四种是兼具上述"4大关键条件"的企业。它们以卓越运营为基础，同时又发挥着诸如革新创意、市场营销、变革管理等广泛的经营能力。由于这属于终极完全体模式，因此我称之为"Z型"（因为"Z"是英文字母表中最后一个英文字母。——译者注）。

从"W型"到"X型"

在上述100家企业中，日本电产居首位，且它属于典型的"W型"企业。而京瓷位列45，同为"W型"企业。

日本电产的成功因素是什么？从曾经用于机械硬盘的小型精密马达，再到如今用于EV的驱动马达，永守这种成功押注次世代"浪潮"的先见之明，简直如有神助。而为了确保在尚属蓝海的锁定领域占据先机、获得压倒性的市场份额，他会迅速出手，大额投资。在此基础上，他还会发挥一向擅长的卓越运营能力，基于现场，不断打磨和优化品质、功能及成本。这种兼具魄力和速度的决断力，加上现场的实践力，正是永守的取胜之本。

正如前述，永守最容易引人注目的行为要数通过 M&A 扩大规模，但永守经营的精髓其实在于"在正确时机实施正确并购"的敏锐嗅觉以及 PMI——即彻底提升所收购企业的卓越运营能力的手腕。

在业绩一路走高的成长期中，以运营力为基础的"J 型"和"W 型"已足以"应战"。因为在同质竞争的世界，"Do More Better（改善）"（J 型）和"Scale Up（不懈追求规模经济）"（W 型）"便是保持优势的源泉。

但要注意的是，既然从现在到未来的时间线上没有现成的新答案，那么上述模型就不能高枕无忧。换言之，"赢利模式构建力"和"市场开拓力"这两大次世代成长引擎终不可或缺。而包含它们的 X 型和 Z 型，才是"非线性时代"的成功模式。

那么，纵观 X 型和 Z 型，哪个更理想呢？乍一看，包含一切的 Z 型似乎最理想，但事实果真如此吗？

的确，Z 型企业依靠领导强大的管理能力，不断获得驱动和成长。但这样的企业，其实也在承担着"企业经营者风险"——卓越的领导成了企业成长的前提条件，一旦领导变动交接，企业就难免步入拐点。

与之相比，X 型企业的特征在于"不过于依赖经营变革力"。如果用不怕误会的绝对化表述，即"不管谁当领导，企业都能持续成长"，因为上述两大成长引擎已然切实置于运营力之中。而将成长引擎如此落实及扎根于基层现场，方为企业经营者真正之水平体现。事实上，那些既有的 Z 型企业（譬如丰田汽车、大金工业和迅销集团）所面临的最大经营课题正是"如何转型为 X 型企业"。

"双机"战略

至于目前属于 W 型企业的日本电产，要想实现次世代的成长目标，则也必须兼备"赢利模式构建力"和"市场开拓力"这两大引擎。鉴于日本电产的追求是"用马达替代引擎"，因此称之为"双机（马达电机）"或许更恰当。

为此，有两大实现方式。

一种是经营高层推动的"由上至下"方式。欧美的企业战略专家和经营咨询机构偏向于这种演绎法。比如提倡"不应满足于卓越运营，而应锻炼战略思维"的迈克尔·波特（著名管理学家，企业经营策略领域的权威。——译者注）便是代表人物。

另一种是源于基层现场创意的"由下至上"方式。即从卓越运营中进行归纳，从而得出新的法则和"模式"。比如丰田汽车的"TPS（丰田生产方式）"和大金工业的"紧贴合格经销商战略"，便是将基层现场的智慧予以体系化而得。

再比如 X 型的代表性企业（位列第 5）的基恩士，其将基层现场的最佳实践（Best practice，它是一个管理学概念。认为存在某种技术、方法、过程、活动或机制，可以使生产或管理实践的结果达到最优。——译者注）归纳提取为算法，并使之不断进化。该企业的市场开拓模式实现了高度的系统化，甚至足以作为一套解决方案，用于向其他企业提供相关咨询服务。至于赢利结构，该企业在自身内部只创造和积累智慧，使用的有形资产皆源于其他外部企业。从资产模型（Asset model）层面来看，其可谓典型的"无形资产型"。

那么日本电产又如何呢？其市场开拓基于"3新模式"——新产品、新市场、新客户。而基层现场则不断依靠"智慧型奋斗"来落实该模式。今后的关键课题在于如何将这种基层现场的"匠人智慧"转化为组织的"体系特质"。若能成功，日本电产便能生成自身特有的"市场开拓算法"，并将其推广至包括并购对象在内的整个集团，从而在全球先人一步，不断扩张业务规模。

至于赢利模式，日本电产之前一直把"积极投资有形资产"作为主轴。而今后，其需要加速对无形资产的投资，包括实现横贯组织的智慧流通及积累，打造覆盖不同行业的生态，从根本上强化品牌力等。因为与被收益递减法则所支配的有形资产不同，无形资产遵循收益递增法则。

换言之，"永守算法"和"基层现场卓越运营能力"的系统化是胜负的关键。在 M&A 和 PMI 领域，这一点已被证明。若市场营销和革新创意领域亦能实现这样的系统化，则日本电产今后也能持续实现指数函数级的成长。

第六章
CHAPTER 06

盛守模式的共通之处

共通的节奏

以上对稻盛和永守的企业经营模式的特征做了概览。二者皆极具个性，至少与下述两种在日本被广泛炒作的所谓"次世代经营模型"截然不同。这两种模型源于十分刻板的思维方式。

第一种是"世界标准（Global Standard）追随型"。说到底，"Global Standard"这个词本身就是崇洋媚外的日本人生造的"日式英语"。所谓"世界标准"，其实根本不存在。日本产官学界和媒体所鼓吹的世界标准，其本质是盎格鲁–撒克逊型的拜金主义而已。

迈克尔·波特等人所主张的"古典经营战略"旨在战胜竞争对手、获取利润，并通过将利润回馈股东，从而吸引和拉拢志在短线投资的金主们。而始于 2015 年的日本式公司治理改革，便是基于该目的。

反观一向崇尚盎格鲁–撒克逊主义的西方世界，却在推进从"股东主权主义"向"多方利益关系人（Multi-Stakeholder）主义"的大幅转型，日本于是也慌乱追随。但问题在于，对于相关的企业经营本质（即"如何团结和引导利害关系各异的相关者"），上述"古典经营战略"完全得不出答案。

第二种是"良心企业指向型"。如今，可持续发展经营已然成为多方提倡的一种次世代模式。这种模式旨在关心环境和社会。

纵观全球，标榜可持续发展的共益企业（Benefit Corporation）为数不少，而志在取得相关"B Corp 认证"的企业亦在增加。户外服装品牌巴塔哥尼亚便是其典型。

巴塔哥尼亚的创始人伊冯·乔伊纳德著有畅销书《让我的员工都去冲浪》。该书名出自该公司的口号——比起工作，让酷爱户外运动的员工们热衷自己的爱好更重要。按照前述的重塑组织论分析，该公司便属于绿色（Green）组织。

而在日本，也有坂本光司所著的系列书《日本最了不起的公司（1）~（7）》。书中集中介绍了日本的"良心企业"。其中多为日本各地的中小企业，比如生产琼脂的伊那食品工业公司等。这些企业皆为以"关怀员工"为经营目标的家族主义企业。

在这些"良心企业"工作的员工，或许感到身心愉悦。但这种"温吞吞"的机制，是否真正保障了员工"不断尝试挑战，实现自我成长"的基本人权呢？面对极为棘手的环境问题和社会问题，员工是否能够实现飞跃性的革新呢？

纵观稻盛和永守，对于这种世间的风潮，他俩一向不闻不问，因为他们一直贯彻着自己的哲学和信念。而若深入分析这两种流派的特性本质，就会发现，其底层其实持续演奏着同样的主旋律，且同为 3 节拍。

奏响拍子急促的华尔兹，人就会不自觉地产生翩翩起舞的欲望；而奏响拍子舒缓的小步舞曲，人就会自然地心境平和。而对二者巧妙地组合编排，便是稻盛经营和永守经营的共通之处。在本章，我会从成功方程式、3 大空间轴以及 3 大时间轴出发，导出他俩共通的"3 节拍"。

成功的 3 大条件

首先，二者最显著的共通点要数成功方程式。

稻盛：

人生·工作的结果 = 思维方式 × 热情 × 能力——①

永守：

$$Y=A+B+C——②$$

Y= 日本电产员工的评价值

A= 基本的思维方式（对于日本电产企业纲领的理解程度）

B= 对于工作等的热忱

C= 能力

前面已提到过，稻盛经营的成功方程式如①所示，而永守主义则可归纳为如②所示的方程式。

　　纵观构成这两大方程式的三要素，可见它们如出一辙，只不过稻盛用的是乘法运算，而永守用的是加法运算。因此相比之下，稻盛的方程式由于各项变动而导致的结果波动幅度较大。但二者定义成功的 3 大要素不谋而合，这着实耐人寻味。

　　那么二者对该 3 大要素的侧重点又如何呢？稻盛也好，永守也好，与其他 2 大要素相比，他们似乎都对"能力"不太执着。

　　稻盛认为"所谓可能性，就是'未来的能力'"，因此强调："应该用这种'将来进行时'来思考。"（《活法》）

　　对此，他还进一步阐述道："不管目标多么难达成，当事人都能发挥最大的热情和应力，化不可能为可能——这便是'心念'的力量。亦可将'心念'表述为心灵画板所描绘的思绪、愿景、梦想、希望等。其既可谓起心动念这一行为本身，也可谓该行为所生成的意图或意志。如今的人们似乎忘却了心念的重要性。在我看来，大家一味重视头脑的思考，却忽视了思考的本源'心灵'以及心灵所催生的'念想'。"（《心：稻盛和夫的一生嘱托》）

　　而永守也一贯认为"人的潜能无穷无尽"（《热情、热忱、执着的经营》）。对此，他最喜欢举拉面店的例子：有一天，下午 2 点过后，他走进一家稀松平常的拉面店，结果里面几乎客满。他发现其人气高的秘密不在于面的味道，而在于店员周到的服务。

　　"一家定价与别家相同的拉面店，要想做出的面比别家好吃 5 倍，或者想出菜速度比别家快 5 倍，都是不现实的。但通过转变店员的服务意识，使食客的体验提升 100 倍，却并不是什么难于登天的事。而那家面店之所以生意兴隆，正是由于店员极高的服务意识，这也体现了其经营者极高的管理水平。据我推想，比起拉面的味道，该店的经营者或许更加执着于店员的服务意识改革。这与我的用人风格完全一致——与其聘用能力超群之人，不如聘用能力平平之人，然后倾注全力，提升他们的思想认识。"（《要学会打动人！》）

可见，稻盛也好，永守也好，他们都看清了一个真谛——能力只是（方程式中）其他 2 大要素的附属变量而已。

那么，"思维方式"和"热情"，其中哪个更为重要呢？若分析二人的诸多语录，便能发现，稻盛更重视"思维方式（心念、心灵）"，而永守把"热情（热忱、执着）"视为原动力。此处体现了二人哲学思想的微妙差异。

不过对于构成成功结果的三要素（函数），他俩的思想可谓完全一致。

IQ、EQ、JQ

那么问题来了，为何偏偏是这三个要素呢？

正如前述，永守常常把 IQ 和 EQ 挂在嘴边，并一直强调"EQ>IQ"的不等式。换言之，他认为一个人的热情比能力重要。

那么思维方式去哪儿了呢？在我看来，还有第 3 个隐藏的

"Q"。

永守曾说："越是处于风险之中，企业经营者就越要向前看。即应该保持大局观，沉稳冷静地采取行动。"（商业杂志《日经Business》，2016 年 7 月 11 日刊）而这份决断力，正是永守经营的本色所在。我称之为"JQ（Judgment Quotient：决商）"（图4）。所以说，IQ、EQ 加上 JQ，正是永守经营的"3 节拍"。

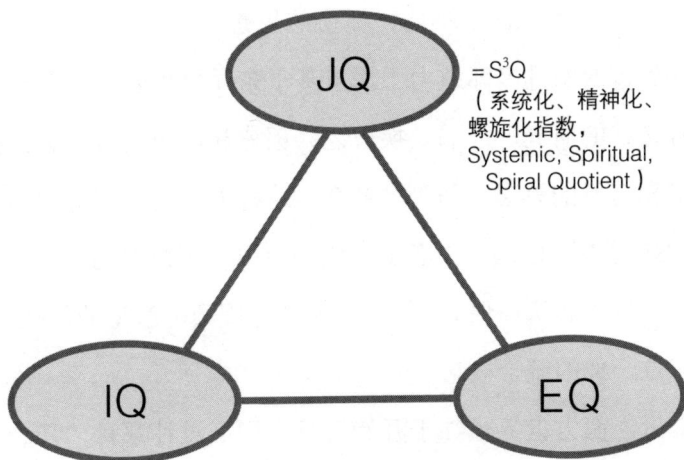

图 4 变革型领导应具备的"3Q"

而稻盛认为在"心"的核心深处存在"真我"。此思想出自禅学，也可称之为"真意"或"宇宙的意志"。

对此，稻盛还指出，"真我就是佛性，因而它完美至极，它充满着爱、真诚以及协调和谐，它兼备真、善、美"（《活法》）。

稻盛把这真、善、美视为自身心灵不断追求的 3 大价值。若用上述"3Q"视角来看，则可以认为真 =IQ、善 =JQ、美 =EQ。其中最为深奥的要数"善"。

若追本溯源，最早提倡真、善、美的其实是柏拉图。而其弟子亚里士多德进一步提出了"不止于个体，而遍及社会全体"的价值观——"共通善"，并归纳出了"打动人所必需的三要素"——Ethos（信赖）、Pathos（共感）、Logos（逻辑）。Ethos 与善相近，Pathos 与美相近，Logos 与真相近。

但与上述西欧哲学不同，稻盛的思想与西田哲学最为接近。前面提到，西田几多郎致力于探求基于东洋思想的"善之形态"，并著有《善的研究》一书。换言之，稻盛和西田所言之善，指的是宇宙和自然的意志。与为"社会"这种人工组织服务的西欧学派的"共通善"相比，二者（稻盛和西田）所提倡的"善"要崇高得多。且二者所提倡的真、善、美并非因数分解型的割裂要素，而是三位一体的统合概念。

最近，西方世界也终于开始流行不同于过往那种"拜金型资本主义"的新经营模式。比如全球最大的资产管理公司贝莱德，其 CEO 拉里·芬克在 2019 年的《致投资人的一封信》中指出，"Purpose & Profit"才是次世代企业应该作为目标的价值观。他还强调，Purpose 方为"目的"，Profit（利润）只不过是结果。这等于是对之前资本主义世界那种盲目逐利的利益至上主义敲响了警钟。

对于"Purpose"一词，我认为与其译作"目的"，不如译作"志向"，并把这种以志为本的企业经营模式称为"Purposism"，即"志本主义"。且在我看来，该志本主义终会取代资本主义（Capitalism）。关于这方面的详细内容，请参考拙著《志本经营》。

但上述"Purpose & Profit"的二分法，不得不说还是没跳出西方那种典型的"0 或 1"的二元化思维。换作稻盛或永守，应该会指出隐藏其中的"第 3 个 P"——"Passion（热情）"。Passion乃心灵的能量，其为 Purpose & Profit 点火，从而催生二者的循环运动，并成为使该运动持续不断的驱动力。而我所提倡的志本经营，亦靠这"3 大 P"作为原动力。

至此，对于前述的稻盛·永守的成功方程式的三要素，便可做如下"翻译"：

思维方式 ≈JQ、善、Ethos、Purpose

热情 ≈EQ、美、Pathos、Passion

能力 ≈IQ、真、Logos、Profit

由此可见，稻盛哲学和永守哲学与柏拉图、亚里士多德、西田哲学乃至现代尖端的企业经营模式皆有共通之处，可谓融会东西、贯通古今。换言之，他俩的思想基于人类智慧之根本，且先于时代。

在当今浮于表面的风潮之下，稻盛经营和永守经营似乎"落后时代"，似乎与所谓"主流"格格不入。可事实恰恰相反——他俩的经营思想正如一面"照妖镜"，使企业治理、可持续发展、DX（数字化转型）、二元性经营等热炒概念脱离本质、悖于时代的缺陷暴露无遗。

守破离

那么，在时间轴层面，他俩"流派"的相通节奏是什么？若用一句话来概括，即"守破离"。它源于茶道、剑道等日本传统的技艺道法，由以下三点构成：

守——忠实遵守师父的教导，习得基本之型（"型"即形式、框架和规范。——译者注）

破——借鉴他家之型，摸索全新之型

离——跳出型之框框，开拓独创之自由境界

此处的关键字是"型"。习得"型"乃一切之基础。若"无型"，则无技艺可言。而在习得基本之型后，就要尝试"破型"，即创造自己的"型"。最后再"离型"，即达到"跳出形式，从心所欲"的境界。

这与革新的手段如出一辙。图 5 的革新模型出自一桥大学名誉教授野中郁次郎与他人共同编著的《革新的本质》一书，我对其进行了一定的图示化加工。

如图 5 所示，遵守"例行活动"（即"型"）是为基本，"创造"是为"破型"。而"创造性·例行活动"是为将"破型"所得落实为"新型"，可谓"型"本身的进化。

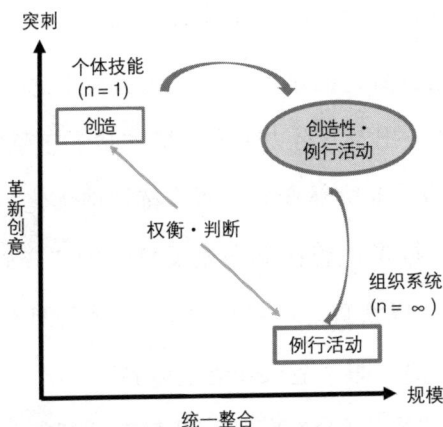

图5 创造性·例行活动——把"个体技能"转化为"组织系统"

如果把"例行活动"视为"组织系统",把"创造"视为"个体技能",那么"创造性·例行活动"便是"将个体技能系统化"的系统。

正如其名,永守以"守"为纲,即彻底遵循原理原则。他同时强调道:"企业领导不可为了出风头而独断独行。""即便是初创企业,也必须令全员形成合力,从而进化为成长型企业。"(《要学会打动人!》)

此外,他也指出"破"和"离"的重要性。前面提到,"蛇若不蜕皮,就唯有等死"是他的口头禅。他还由此提出了"脱旧衣"的理论:"我希望我们企业今后也不断脱掉不合身的旧衣服和小衣服,做到常换常新,成为持续跑在变化前端的企业。"(《挑战之路》)

前面提到日本电产开拓市场基于"3新模式"。而所谓"破"，并非一味地否定自身，而是在充分认识自身信念和自家优势的基础上，从既有业务出发，努力求变。这才是永守革新的本质所在。鉴于此，"离"也并非突然变异，而是持续地进化。

再说稻盛，据说他曾在盛和塾反复强调"守破离"。根据他的诠释，"守"即以素直之心彻底学习，"破"即不断挑战、突破自我极限，而"离"即"追求开悟之境界"。

他还说："普通人终究无法达到真正的开悟境界"，因此指出"追求该境界的精进行为本身便足够崇高"。换言之，他认为"离"并非终极目标。可见，坚持以"提高心性"为目标，不断反复实行"守破离"，便是稻盛哲学的精髓所在。

习绝真

"守破离"的说法最早出现在千利休（本名田中与四郎，1522—1591年，日本战国时代及安土桃山时代的茶道宗师，被日本人奉为"茶圣"。——译者注）的《利休道歌》中，原文是"规则需严守，虽有破有离，但不可忘本"。这被认为是"守破离"的词源。

但上述原文中的核心其实并非"守破离"，而是最后的"不可忘本"。守型也好，破型也好，离型也好，皆不可忘本。这里的"本"即根本精神。稻盛在书中强调："一切始于心，也终于

心。""这正是我过去 80 多载人生所得的至上智慧，也是度过美好人生的终极秘诀。"(《心：稻盛和夫的一生嘱托》)

这永恒的回归性，便是守破离的本质所在。而这也是与欧美流派辩证法的本质区别。

辩证法始于柏拉图和亚里士多德所在的时代，后来由黑格尔实现了体系化。基于"正（正命题）⇒反（反命题）⇒合（统合命题）"的 3 段论，是一种旨在拓展新视角、获得新认知的思考方法。

乍一看，"正反合"似乎与"守破离"节奏相同。但前者的目标是"合"，即跳出既有层面，达到异次元的理论高度；而后者是在兼容并包的系统下的进化，"离"强调的是融入整体、不可忘本。

这样的"离"便是开悟之境界，也是稻盛口中的"对宇宙意志的认识"。可见，辩证法追求合理化的逻辑，而守破离追求直观化的感知。后者亦可谓西田哲学中的"绝对矛盾的自我同一"的世界观。

禅学中有"习、绝、真"之教义。即先努力习得，后超脱所学（绝学），最后达到正见之境界（真）。相关表述还包括"一即是多，多即是一"等禅学的典型思想。铃木大拙禅师将其命名为"即非之理论"。可见，稻盛和永守的思想与西田哲学和上述禅学思想本质共通。

而这又与第 2 章中所介绍的新京都学派代表福冈伸一所主张

的"动态平衡"相一致。稻盛经营也好，永守经营也好，皆旨在驱动企业的生命力，从而实现持续茁壮的成长和进化。如此打造出的并非静态的"良心企业"，而是动态的"活力企业"。真不愧是发源于京都的企业。

MORI 模式

以上内容对稻盛和永守的企业经营模式进行了全面概览。而正如我在前言中所述，本书将这二人的经营模式统称为"盛守经营"。

由上述内容可知，盛守经营彼此拥有诸多共通点。鉴于此，我取二人名字中的"盛"字和"守"字的发音（二人名字中的这两个字在日语中的发音皆为"MORI"。——译者注），将他俩的经营模式进一步统称为"MORI 模式"（图 6 ）。

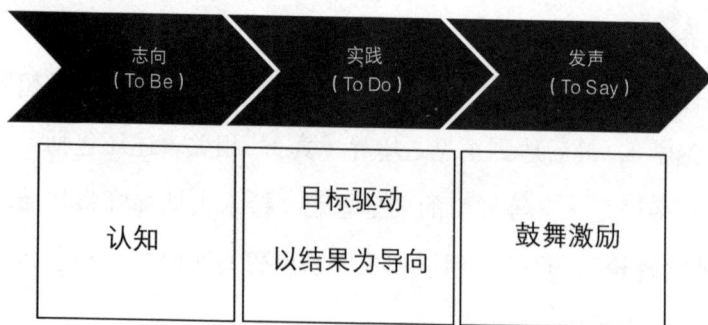

志向（To Be）	实践（To Do）	发声（To Say）
认知	目标驱动 以结果为导向	鼓舞激励

图 6 MORI 模式

对于"MORI模式"中M、O、R、I四个字母，我还思考出了相匹配的英文单词和公式——M（Mindful，认知）× O（Objective-driven，目标驱动）+R（Results-oriented，以结果为导向）×（Inspire，鼓舞激励）。

Mindful一词来自mind，指"心"中能量全面释放的状态。其核心不在于"理（逻辑）"或"利（利益）"，而是永守口中的"信（信念）"和稻盛口中的"真（真我）"。

我在第1章中提到，如今全球掀起了一股正念认知学的热潮，而京都是该热潮的朝圣地。冥想也好，坐禅也好，皆是正念认知的修行手段。

但其本质并不在于冥想或坐禅之类的"形式"，而在于心灵的状态。用永守的话来说，即"是否充满梦想和浪漫"；用稻盛的话来说，即"是否流淌着宇宙的意志"。若用最近流行的企业经营术语来讲，即"志向"。

至于实践（Objective-driven+ Results-oriented），其中的Objective即目标，Objective-driven即朝着目标努力；而Results即结果，Results-oriented即致力于出成果。对此，稻盛称之为"实学"，永守称之为"经营手法"。

近年来，名为OKR（目标与关键结果法，Objectives and key results）（是一种明确目标、跟踪目标及其完成情况的管理工具。——译者注）的手法渐渐被人们关注。这是一种目标管理模型，其以"帮助企业达成目标"为目的，把相关目标（Objective）与主要成果（Key Results）相关联。该模型最早由英特尔公司于20世纪80年代开发出来，而随着谷歌在90年代后期对它的引进和采用，该模式一下子在全球推广开来。

与在那之前风靡一时的平衡计分卡相比，OKR更为简明，且运用频度更高。而OKR最大的优势是"适用于创造性组织"。如上所述，其着眼于关键成果（Key Results），因此将"70% ~ 80%"的目标达成率视为理想数字。这种较为"宽松"的考评能够鼓励员工提出更具野心的目标，并使他们敢于承受失败的风险。

不过即便不特意强调"关键（Key）"，也不影响其本质。故我在此使用该模型的缩略版——OR（目标与结果，Objective + Results）。

至于稻盛和永守，正如前面所述，他俩对这样的"舶来模式"毫无兴趣。因为早在它们出现之前，他俩便已独创了专注于目标（Objective）和结果（Results）的卓越经营手法，并运用于自身企业之中。

再说"Inspire"，其意为"打动人心"。若分析该英语单词的语源，它其实由"spire（吹气）"这一语干加上in（向里面……）这一前缀所构成，其蕴含着"（神灵）向灵魂吹气"之意。

正如该语源所示，该词涉及的并非理性领域，而是灵性世界，即非科学的宗教领域。如果用不怕误会的绝对化表述，则可以说该领域的关键不在于逻辑思考（Logical Thinking），而在于洗脑（Brain Washing）。

Why，What，How

赋予灵魂"宇宙的意志"，乃是稻盛哲学的精髓所在。而《要学会打动人！》一书则记述了永守魔力的原点。所以说，在他俩看来，"如何打动人心、激励员工"可谓企业经营的动力之源。

前述的 MORI 模式亦由 3 节拍所构成。究其原因，敏锐的读者或许已然察觉。没错，因为该模式源自二人共通的成功方程式。

"Mindful"即"思维方式"，OR 即"能力"，"Inspire"即热情。其中，对于"OR= 能力"，有的读者或许觉得难以理解。关于这一点，我会在后面予以阐释，我这里先抛出结论——OR 正是"催化剂"，它能激发永守口中的"无穷无尽的潜能"以及稻盛口中的"将来进行时的能力"。

我在本书中故意尝试把二人本质共通的成功方程式用英语表达，因为我想阐述一个观点——他俩的经营模式并非只适用于日企的"异形"，而是全球通用的次世代企业经营模式。

若进一步抽象化，则可认为组成上述 MORI 模式的三要素分别回答了企业经营的本源问题——即"Mindful"回答了"Why"，"Objective + Results"回答了"What"，"Inspire"回答了"How"。

由此可见，MORI 模式为日本乃至全球的企业指明了一条"次世代经营模式之路"。

从下一章起，我会对上述三要素逐个进行深入分析。

第七章
CHAPTER 07

大义与大志

大志为始

本章将以"Mindful"为切入点，对盛守经营进行深层探讨。在二人的成功方程式中，Mindful 即"思维方式"。而该要素的起点是"人为什么活着"（Why）这一高层次的本源设问。

对于该问题，永守的回答十分简单明了——企业存在的意义有三：①提供人们所需之物；②做他人不做之事；③成为相关领域的领头羊。

为何必须成为领头羊？在数字时代，"Winner Takes All（龙头企业占尽收益）"已然成为成功法则。日本电产作为欧美及中国的一众顶尖企业的供应商，永守对此再熟悉不过。用他平实的语言来说，即"第一名之外的皆属垫底"。

那么，为何需要追求高收益呢？因为它是企业成长发展的"养料"。对此，永守阐述道："人们常说'要促进企业的活性化'，其最佳捷径便是使企业持续成长。"（《热情、热忱、执着的经营》）

在他看来，企业最大的社会贡献在于保障就业岗位、增加就业机会。可纵观现状，不少企业一旦遭遇萧条，就立刻开始动手裁员。这种不负责任的企业经营者实在是太多了。

对此，他嗟叹道："多数日企太过缺乏作为'社会公器'的意识。"（出处同前）在他看来，持续创造收益，进而不断投资，从而反哺社会、拓展价值，方为企业作为社会公器之责任。反之，对于不履行该基本义务而"空长百岁"的企业，永守将其定义为"落后社会的公器"。

对此，永守还提到了中国企业家之间常说的一个笑话——"和日本人深交，思想会变得陈腐落后。"换言之，在发挥"作为市场经济社会的公器"的职责方面，日企远远没有中国的民企做得到位。

关于企业经营的原点，永守强调："必须坚持以大志为始。"（《挑战之路》）而这亦是永守自身的人生哲学。

利他心

稻盛则强调"利他心"的重要性。

稻盛经营的核心思想是"动机至善，私心了无"。在创立第二电电时，他不断自问自省该问题，进而决定进军电信领域。这段佳话广为人知。

而该思想并非只存在于"KDDI 哲学"之中，比如在《京瓷哲学》中，他有如下相关阐述："所谓善，就是普遍认为好；所谓普遍，就是无论由谁来看，都认为是好事。因此，不是只符合自己的利益、方便和形象就可以，而必须是自己和他人都能接受的。另外，在工作过程中，还要自问'私心有无？'，必须审视自己的内心，在工作中防止以自我为中心。"

此外，他还强调道："动机至善，又无私心，那就不必追问结果，结果必定是成功。"

可见，他的哲学与"自利利他""三方皆利""论语加算盘"之类的东洋思想相通。但对一直崇尚个人主义和资本主义的欧美人而言，这一点较难理解。

比如研究过稻盛的企业案例的哈佛商学院高级讲师安东尼·J.梅奥曾说："对大多数人来说，要理解该因果关系实属不易。比如对别人表示敬意，怎么就能使企业决算业绩变好？行'作为人'的正确之事，怎么就能使企业获得成功？"（《钻石社哈佛商业评论》，2015 年 9 月刊）

梅奥经研究发现，以员工及所有相关人员为本的企业经营，才是实现差异化的有力因素，而该因素能促使企业持续发展。他还指出，这正是欧美乃至世界共通的经营思想。

对此，梅奥还进一步强调道："对企业经营者的真正考验，在于其是否有魄力实现思维的飞跃，在于其是否坚信企业经营需要远大目标的崇高事业。"（出处同前）

稻盛当年在收购美国的本土企业后，围绕"人类本质"的问题，与当地的经营者开展了彻底讨论，从而使对方产生了对稻盛哲学的共感。正如前面所述，这一幕在后来日航浴火重生的过程中亦精彩重现——对稻盛哲学产生共鸣的日航干部和员工们，亲手让日航脱胎换骨，实现了惊人的业绩复苏。

稻盛喜欢使用"大义"一词，并认为它与"志向"有所不同。

对此，他曾阐释道："大义和志向不同，志向包含了自己个人的目标。所谓大义，不是利己的，大义必须置于远离自身利益的地方。"（《稻盛和夫的哲学》）

如此对大义的执着，十分符合稻盛的作风。总之，稻盛强调大义，永守强调志向。对于二人该微妙的差异，我会在本章最后再次探讨。

心念的能量

稻盛的《京瓷哲学》一书中有一段内容，其论述了"描绘梦想"的重要性："描绘远大而美好的梦想，用一生来追求这样的梦想。这就体现了人生的价值，人生也会因此幸福快乐。"

反之，对于缺乏梦想之人，他点评道："无梦之人不会有创造和成功，他的人格也无从成长。"（《活法》）

稻盛还常常用"心念"一词来表示梦想。对此，他曾坦言道："不管是京瓷、KDDI，还是日航，我皆非一开始就胸有成竹、笃定成功。在最初阶段，我拥有的只是类似空想的'心念'，即凭借'无论如何都要把事情做成'的心念着手。"（月刊《致知》，2021 年 4 月刊）

上述内容出自稻盛于 2014 年 10 月在其母校——鹿儿岛玉龙高等学校的演讲。当时，他以《你的梦想一定会实现》为题，对在校生做了该演讲。

"而怀着如此强烈的'心念',并持续付出不亚于任何人的努力,起初类似空想的'心念'最终便能创造出远远超过预期的结果。可见,'心念'就是如此美妙、如此强大。"(出处同前)

稻盛说自己从不制订什么长期计划。比起计划,他更强调"梦想"。在他看来,关键要在脑中鲜明地浮现自家企业10年后乃至30年后的状态,且浮现的图像必须是彩色的。

对此,他曾说道:"闭上眼睛想象成功的景象,如果它在你头脑里能形成清晰的、符合逻辑的印象,那么你就一定能成功,你的愿望就一定能实现。"(《活法》)

此外,他还强调"不断追梦"的重要性:"不管公司发展到多大的规模,我们都要不断描绘未来的梦想,胸怀强烈的愿望,保持开拓者的进取精神。"(《京瓷哲学》)

追梦人

而永守对于"梦想"则更为执着。他称自己为"爱做梦的梦痴",坦言道:"我所思所为的能量皆源于此。"(《挑战之路》)他甚至指出:"企业经营即把梦成真。"(《热情、热忱、执着的经营》)

日本电产的企业口号是"All for Dreams(皆为梦想)"。这正是永守思想的精华浓缩。在企业共同口号"All for Dreams"的指引下，全体员工团结一致，组成"实现梦想的员工团队"，在不断追求"挑战、成长、强大"的同时，为帮助利益相关方实现梦想，积极开展企业活动，努力提升企业价值。

在日本电产集团内，关于"All for Dreams"这一口号的内涵具体如下：

梦想，是我们的原点，

梦想，是我们前进的动力，

梦想，是我们创造的未来，

世界的梦想、人类的梦想以及我们的梦想。

拥有梦想，

才能催生创新的热情和想法，

从而打造出具备前所未有的技术和性能的产品。

All for Dreams——皆为梦想。

只要梦想尚存，

日本电产集团就会不断挑战。

为了全世界和全人类的（今天和）明天，

我们通过不懈追求"世界首创"和"世界顶尖"的技术和产品，

不断为实现更优质宜居的社会做出贡献。

但若只是有梦想，那梦想也终归只是梦想。因此永守着重强调"唯有做好成就大业的准备，才能实现梦想"。不仅如此，他还指出"自我变革"在追梦过程中的必要性——"心怀浪漫者，

能够改变自己的生活。"（《挑战之路》）

永守常常像这样用"浪漫"一词来表示"梦想"。或许他觉得"梦想"有稍瞬即逝的可能，但"浪漫"则如"长篇故事"一般引人入胜。对此，他曾坦言道："自打（创业）初期，我就怀揣着梦想和浪漫，因为我认为自己是在'用现有的本钱投资未来'。（中略）我坚信，只要拥有热情、热忱和执着，便能把握未来。"

而对于自己作为企业经营者的身份，永守表明了如下的决心："只要我一息尚存，就希望继续在日本电产的第一线发光发热。因为我想多多见证我们公司年轻员工实现梦想的壮举。"（《要学会打动人！》）

信念的驱动力

树立志向，描绘梦想。而要让志向和梦想不沦为"画中之饼"，就必须拥有持续燃烧的"精神能量"。

永守认为，这正是人性的根源所在。对此，他阐述道："人天生就有开拓自己人生的能力，因此关键要相信自己、挑战未来。即人生由信念所决定。"（《挑战之路》）

换言之，他认为"相信＋心念"的信念之力，正是实现梦想的动力。若进一步将"信念"一词拆字解读，则可知"信"即"人言"，是指立誓并遵守约定之行为；而"念"即"思考当今之心"，是指不忧虑未来、不纠结过去，活在当下、直面现实之态度；

可见，所谓"信念"，并非一味祈求神助，而是自我立志、怀揣梦想、活在当下、开拓未来的精神力。

而稻盛在《京瓷哲学》一书中有关"坚持信念"的内容中，亦曾做如下一系列阐述："在工作过程中，会遭遇各种各样的障碍。如何克服这些障碍，态度不同，结果也会大相径庭。

"开展一项新事业，往往会出现反对意见和各种阻力，一遇到这种情况，有的人就会轻易放弃。而在工作中取得卓越成就的人，都是把崇高的理想作为信念，击破一切壁障的人。这样的人，把障碍看作考验，与困难正面对峙，迎难而上，高举信念的大旗，奋勇前进。

"坚守信念需要莫大的勇气，缺乏这种勇气，就无法成就创造性、革新性的事业。"

此外，他还强调必须心态乐观，要相信人的能力是无限的——"想做某件事情的时候，首先要相信'人的能力是无限的'，抱着'无论如何都必须成功'的强烈愿望，持续不断地付出努力。从零开始的京瓷，成为世界一流的厂商，就有力地证明了这一点。"

而且他还进一步指出，必须让信念成为渗透到潜意识之中的强烈而持久的愿望——"要实现高目标，首先，必须怀抱'非实现不可'的强烈而持久的愿望。（中略）愿望纯粹而强烈，日思夜想、苦思冥想、反反复复、念念不忘，那么，这种愿望就会渗透到潜意识中。一旦进入这种状态，就会与平时有意识的理性思考不同，即使睡觉时，潜意识也会工作，发挥出强大的力量，让愿望朝着实现的方向前进。"

稻盛还指出，信念是"化考验为成长机遇"的原动力——"无论遭遇何种困难，只要抱有信念，就能自我激励，毫不气馁地坚持到底。"为此，他强调不仅要"打造优秀的经营理念"，还必须"将其升华至信念维度"。

而在《心：稻盛和夫的一生嘱托》一书中，对于日本人普遍丧失信念（心念的重要性）的现状，他嗟叹道："如今许多人似乎遗忘了心念是多么重要。我感觉他们一味执着于'单纯地用头脑思考'。"

随便问一下，各位读者是否清楚"理念"与"信念"的区别？理念是"依靠纯粹理性而成立的超越经验的终极理想概念"，其源于帕拉图的"理型论（Theory of Ideas）"。用稻盛的话来说，即用"头脑（＝理性）"思考之所得。而我称其为"客观正义"。比如 SDGs，说到底便是这种客观正义的当代典型。

与之相对，信念是"自己坚信是正确的想法"。用稻盛的话来说，即用"心（＝真我）"深入领悟所得。而我称其为"主观正义"。再以 SDGs 为例，如果把它所包含的世界共通理念进行充分理解和消化，使之转换为自己的思想血肉，甚至进一步悟得超越 SDGs 的原创思想。关于这一点，我会在最终章进行深度探讨。

从使命（Mission）到志命（Purpose）

之前人们普遍认为，企业皆需有 3 大主轴，它们是使命
（Mission）、构想（Vision）和理念（Value）。所谓使命，即天赐
之大任。其回答了"Why"，这个"企业为何存在"的问题。所
谓构想，即未来之蓝图。其回答了"What"，这个"企业的未
来目标为何"的问题。所谓理念，即企业之价值观。其回答了
"How"，这个"如何实现使命和构想"的问题。

纵观大多数企业，它们几乎都如此按部就班，煞有介事地提
出了自己的 MVV。我建议各位读者参考自己公司的官网主页，
或者与其他公司的官网主页进行比较。由此应该能发现下列惯用
的陈词套话。

说到使命，往往是"创造美好的明天""实现精神富足的社
会"之类；说到构想，往往是"创造未来""贡献社会"之类；
说到理念，往往是"真挚（或者真诚）""挑战"之类。

当然，上述套话并没错，内容也无欠妥之处，但实在过于照
本宣科，过于伟大、光荣、正确，因而感受不到一丝个性和魅力。
这样不但无法感染公司员工，也无法让客户乃至社会由衷感动或
产生共鸣。

先说"使命（Mission）"一词，其本身就与企业不太匹配。
该英文词源于基督教的教义，其原义为"耶稣基督给予其弟子们
宣扬福音的指令"，后来该词的词义衍生为"上级委派的特殊任

务"，比如电影《不可能的任务》（*Mission: Impossible* 又被译为《碟中谍》，是始于 1996 年的美国动作间谍系列电影，由汤姆·克鲁斯主演。——译者注）中的"Mission"便是该含义。但归根结底，它都是指"外部（神或上级）"所给予的"大任"。

再说"构想（Vision）"，其意为"愿望"，即空想的产物。在大多数情况下，它都可谓"现实"的反义词，因而具有"逃避现实"的色彩。按照佛教教义，其即与"此岸（现世）"相对的"彼岸（未来）"。

最后看"理念（Value）"，其强调的是应遵守的"惯例规定"和"行为规范"，其往往包含"应该……""不应该……"之类的措辞。这与宗教中的戒律如出一辙。

可见，上述所谓"3 大主轴"的共通点是"外部赋予的教义"。当然，对于笃信和皈依者，相关教义可谓诺亚方舟，但这种来自外部的教义即便再智慧、再美妙，也难以成为自身思想的血肉。

从 MVV 到 PDB

纵观如今的优良企业，往往用"Purpose"一词来代替"Mission"。前者是个体心中涌现的心念。我将"Purpose"一词翻译为"志向"。因为目的或意图终究是知性逻辑的产物，而"志向"的"志"字可拆分为"士＋心"，即心性灵性的产物。

此外，比起"Vision"，这些企业也更喜欢使用"Dream"一词。因为后者并非单纯的凭空幻想，而是"旨在实现的梦想"。换言之，"Dream"不是"白日做梦"，而是"应验之梦"。为此，正如稻盛和永守所倡导的那样，必须让梦想呈现"色彩（具体性）"。

最后，这些企业还用"Belief"一词来替代"Value"。"Belief"不仅仅是写在官网主页上或贴在公司墙上的价值观标语，而是深刻在每名员工心中的信念。比如强生公司有名的口号——"Our Credo"便是其典型。可不知为何，日本普遍将其翻译为"我的信条"，这明显属于错译，应该译为"我们的信条"才对。至于这"我"与"我们"的差异是多么关键，我会在最终章予以论述。

可见，在20世纪普遍作为企业主轴的MVV，在21世纪必须进化为PDB［志向（Purpose）、梦想（Dream）、信念（Belief）］（图7）。与MVV"向外求"的态度不同，PDB旨在"向内求"。用我的话来说，即从客观正义向主观正义的模式转换。"是否成为自己的思想血肉"是二者的本质区别。

而稻盛和永守皆与MVV之类"照搬照抄外部"的理念毫不沾边。正如前述，他俩的起点不是"使命"，而是"志命"；且不靠"构想"，而靠"彩色的梦想"；并切实将其升华至"信念"的高度。

资本经营（20 世纪型）　　　志本经营（21 世纪型）

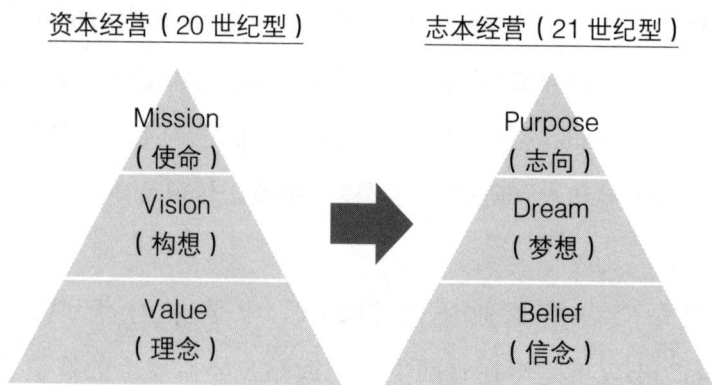

图 7　从 MVV 到 PDB

纵观全球趋势，其最近终于开始认识到上述 PDB 经营模式的重要性。而早在半个世纪前，稻盛和永守便已开始实践该模式。所以说，"盛守"模式十分超前，其以无可撼动的实际业绩，向世人展示了理想的次世代经营模式。

激动·独特·可行

至于替代 MVV 的 PDB 的核心要素，则在于"对轴排列（Alignment）"。要想确保对轴排列，首先必须树立坚定不移的"P（志向）"。

作为明治维新思想支柱奠定人的吉田松阴（1830—1859 年，名吉达，字义卿，号松阴，长州藩武士，是明治维新的精神领袖及理论奠基者。——译者注）便视"志向"为首要。在 2015 年播放的 NHK 古装历史剧《花燃》中，便有吉田松阴质问高杉晋作（1839—1867 年，幕末长州藩士，创设了奇兵队，是倒幕活动的积极推动者之一。——译者注）的一幕——"汝之志为何？"。后来活跃于明治维新舞台的松下村塾的塾生们皆秉承了吉田"大志为始"的教诲。

而在明治维新过去 150 多年的今天，美国硅谷的企业家们才开始把"MTP"视为神咒，反复念叨。"MTP"是"Massive Transformative Purpose"的首字母，可直译为"宏大的变革目标"。其被认为是企业在数字经济时代取得成功的首要条件。这与"大志为始"殊途同归。

或许由于 MTP 这个词不太接地气，因此谷歌用"登月计划（Moon shot）"来代称它。而我在协助企业开展相关改革时，则使用"北极星"一词来指代 MTP。

在我看来，该"北极星"必须包含 3 大重要条件。

第 1 是"激动"，即是否能令听者不禁心动。

第 2 是"独特"，即是否彰显该企业的特色。

第 3 是"可行"，即是否能让企业内部人员和外部人员皆确信可行。

若用一句话总结，即"主观正义"是否到位。反之，无论怎样罗列 SDGs 所包含的联合国改变世界的 17 个目标，都无法满足上述 3 大重要条件。

京瓷的核心思想是"敬天爱人"，其出自稻盛无比敬仰的西乡隆盛之口。而京瓷所提倡的"以心为本的经营",则是稻盛哲学的浓缩精华。

至于日本电产,正如前述,其企业口号是"All for Dreams（皆为梦想）"。而这亦是永守哲学的精髓所在。

至此,二者的差异鲜明可见。稻盛重"大义",用他的话来说,即"宇宙的意志"——充满宇宙的"气",通过个体的"心",向外展露和发散。这便是"大义"和"大志"。

与稻盛不同,永守所言并不如此宏大壮阔,而是着眼于现实世界,立志、追梦、巩固信念。稻盛以"灵魂"的概念,主张无量永世乃至来世的存在,并做出相应的畅想;而永守则只关注于现世,并在此拼命努力,志在实现梦想。

可见,与稻盛相比,永守或许属于"小志者",但永守的这种"凡人立志",以及育"兵"为"将"的闪耀成果,皆体现了永守思想的"群众基础之广"。与皈依禅宗得度、志在"开悟"的稻盛相比,坚信净土真宗"定心之念力"的永守,其世界观也许更为贴近大众。而二者的睿智,亦体现了京都这块土地特有的人杰地灵,难怪其能涌现"栖所分离理论"之类的学术成果。

以"志本主义"为目标

而这样的永守,最近也开始"转变思想"了。

他说道:"稻盛先生从20年前就开始不断强调'美好的心灵'

和'利他'。我是个粗人，因此一直喜欢听他对企业管理方面各种细节的意见。至于他所提倡的'利他心'之类的灵性领域，说实话，我之前始终觉得是'理想化的漂亮话'，认为'企业经营哪能如此如意'。可最近，我感觉自己说出来的话越来越像他了（笑）。这大概就是所谓的殊途同归吧。"

他还坦言道："一旦把'行作为人的正确之事'视为最高优先级，就会加深对于稻盛哲学的共鸣。多年来，我与稻盛先生之间一直存在思想鸿沟，而如今我觉得其正在渐渐被填平。"（上述两段引用皆出自月刊《致知》，2021 年 4 月刊）

在日本电产的全球经营大学，永守曾在讲台上讲道："要想打造 100 年后依然持续成长的企业，就必须让企业'为社会、为世人做贡献'，就必须让企业成为'世人少不了的企业'。"他还指出："企业必须以'驱动力'为杠杆，先于时代地解决困扰人类及社会的课题。"

可见，稻盛也好，永守也好，都拥有与宗教家无限接近的信念，并以志为始，持续追梦。这便是"MORI 模式"中的 M（Mindful，认知）的特征所在。

如今，始于美国西海岸的正念认知学热潮正在席卷全世界。而正如我在第 1 章中所述，该热潮的"核心圣地"位于京都。而日本电产的全球经营大学的课程中，就包含了相关课程——带着海外的企业经营者前往与稻盛得度的圆福寺同为临济宗妙心寺派的退藏院，在那里花一整天时间体验坐禅。不仅如此，退藏院的副住持松山大耕禅师还会用流利的英语，向体验者讲授禅学的精髓。

其间，松山禅师会点破美式正念认知学与日本禅学之间的本质差异。他说，二者的目的不同。前者冥想的目的在于提升专注力，或者获得健康和幸福。即基于旨在"得利（Gain）"的功利性思维。

与之相对，后者冥想的目的并非求得什么，而是将冥想这一行为本身视为目的。他甚至指出，就连"开悟"也不是目的。

对此，他曾进一步阐释道："禅学认为，即便一个人达到了开悟之境界，也不可就此满足，而应该活用开悟之经验，使之造福社会、普度众生。换言之，禅之修行，归根结底只是手段而已。"（松山大耕著《禅之商学入门》）

而盛守模式的正念认知学基于高远志向，并伴随利他行为。这种超越"一时潮流"的不变的经营思想，正是我所倡导的"志本经营"的本质所在。关于这一点，我还会在最终章予以更为深度的分析和考察。

第八章
CHAPTER 08

经营的着力点

自利与利他

在本章，我会探讨盛守经营中关于"提升能力"的方法论。先说结论——OR（目标与结果）是关键。换言之，设定目标（Objective-driven）与彻底追求成果（Results-oriented）起到了决定性的作用。

先说稻盛，他在强调"心"的重要性的同时，也不忘指出"数字乃经营之根本"。前者即哲学，后者即基于阿米巴经营的核算管理。正可谓"论语加算盘"。

稻盛经营的根本其实极为简单明了，即"销售最大化，费用最小化"。为此，"定价即经营"，即必须相应地削减成本。并通过导入"单位时间核算制"，培养了员工的速度意识，提升了生产效率。其正可谓日企卓越运营的正面典型。

而稻盛经营的特征，还在于"将这套体系彻底贯彻于每个名为阿米巴的组织单位内"。为了支撑企业，稻盛通过这套他独创的管理会计机制，让每个阿米巴都担负核算责任。

但若仅止步于此，则容易导致各个阿米巴单位"自扫门前雪"，因此他还要求各阿米巴的巴长"基于哲学采取行动"。

对此，他曾强调道："身为巴长，必须心系所在公司的全体同人，站在为了整个公司的角度，把'作为人，何谓正确？'作为

判断基准。虽说'守护和发展自己所属的阿米巴'是前提，但还
必须同时具备'以公司整体为优先'的利他心。否则阿米巴经营
便无法成功。"(《阿米巴经营》)

这正乃"自利利他"精神之体现。通过实践上述阿米巴经
营，不少企业经营者领会了稻盛哲学，实现了自我成长。比如担
任京瓷社长一职长达10年的伊藤谦介、担任第二电电及KDDI
社长一职长达9年的小野寺正，以及成为日航重生后首任社长的
大西贤等。他们皆是继承了稻盛衣钵的弟子。

可见，若单纯把阿米巴经营视为一种"自律分散型经营模
式"或者"独立核算管理模式"，就会在很大程度上误解其本质。
换言之，在导入阿米巴经营时，必须与相应的"哲学"一并导入。
请切记，无论是通过多次M&A而实现巨大规模的KDDI，还是
日航的浴火重生，这种"思维方式"与实际体系的一体化，才是
实现成功的关键所在。

经营看数字

再说永守，他曾坦言："企业经营，最终还要看数字。"他还
说："在展望梦想、浪漫的同时，还必须清楚把握自己企业的实力
和潜力，以数字的形式，将它们谨记于脑中。此乃成为企业经营
者的首要条件。"(《挑战之路》)

永守断言"业务的基础是销售"。他还有句口头禅是"销售

排第1，没有2、3、4，技术开发排第5"。此外，他把QCDSSS（品质、成本、交货、服务、速度、差异化）的责任统一分配给营销部门。永守经营的优势之源，便来自这压倒性的营销力。

在日本电产，存在名为CSO（首席营销官，Chief Sales Officer）的职务，这既有别于其他企业几乎必有的"Chief Strategy Officer（首席战略官）"，也不同于最近流行的"Chief Sustainability Officer（首席可持续发展官）"。日本电产的CSO是小部博志，他是公司元老，打创业之初便一直辅佐着永守。

而对于技术和生产部门，永守旨在培养其员工彻底到位的"效率和成本意识"。他告诫要避免"盲目迷信技术"，倡导"专心打造符合市场需求的产品"。

对此，他曾说道："当自己设计的产品被客户指出缺陷，或者劣于竞争对手的同类产品时，相关的技术工程师应该知耻。"（《挑战之路》）

纵观一直标榜"技术立国"的日本，许多日企却一直在重蹈"技术成功，业务失败"的覆辙。但永守经营则不同——其与这样的"日本病"无缘。

但另一方面，永守又不赞成类似于阿米巴经营那样的"自律分散经营模式"，而是始终以"事业部门制"为本。该制度即利润中心（Profit center）（是以内部控制为目的而设定的会计组织单位，其拥有产品或劳务的生产经营决策权。——译者注）制，这是一种日本制造业较为常用的传统管理会计机制，比如日立制作所、三菱重工等，皆采用该机制。

但有别于传统的是，日本电产崇尚"客户为王"，永守要求其他各部门始终配合营销部门所提出的市场价格，并在此基础上保证 10% 以上的利润率。这种彻底贯彻"直接联系市场，公司上下一心赢利"的体制的思想，与其他日本的制造业企业截然不同。

对此，永守曾自豪地坦言道："我们日本电产证明了一点。那就是即便不靠阿米巴经营，也有办法大幅提升业绩。"（月刊《致知》，2021 年 4 月刊）

在商学院的管理会计专业课程中，老师往往会教诸如 BSC 和 OKR 之类的目标管理方法。但这些目标管理方法本身只是工具而已。不管拥有看似多么高明巧妙的方法，倘若企业的目标设定有误，抑或缺乏矢志不渝追求结果的组织文化，便难以做到成功有望。

反之，哪怕使用的工具（方法）看似十分稀松平常，只要在企业经营中对其贯彻到位，企业便能实现持续成长。这便是"盛守"模式带给我们的启示。正如拉里·博西迪、拉姆·查兰共著的《企业经营要靠"执行力"》(《企业经营要靠"执行力"》的书名是英语直译，中文译本为《执行：如何完成任务的学问》。——译者注）一书的书名所强调的那样，此为东西共通之道理。

"志向"之力

对于如今被广泛滥用的"战略"一词，稻盛和永守皆不太感冒。稻盛甚至断言，单纯依靠"战略"并无法持续开创未来。

对此，他还进一步强调："一般认为，企业经营的关键在于经营战略或经营战术，但在我看来，唯有着眼当下，踏踏实实地每天努力，除此别无其他成功法门。"（盛和塾讲话记录，2008 年 7 月 17 日）

而在回顾第二电电的创业过程中，他曾发表如下感言："（当年的同行们）在反复制定战略战术后，发现该（电信）事业实在困难重重，因而纷纷止步观望。而唯有我们第二电电将'为社会、为世人做贡献'这种纯粹的心念升华至信念，并拼命坚持努力，最后才在业界航母——新电电（NTT）的阴影下生存下来，并取得业务成功。正如 20 世纪初期在英国享有盛名的思想家詹姆斯·艾伦所言，纯粹且高尚的思想，其蕴藏着卓越的能量。"（盛和塾谈话记录，2007 年 12 月 11 日）

那么，稻盛经营难道完全排斥战略吗？前面提到的原 KDDI 会长小野寺正曾说，稻盛的一句教诲，给予了他在实践中发挥作用的智慧。这句教诲是"乐观构思，悲观计划，乐观实行"（《活法》）。

在构思新业务时，如果不具备乐观心态，则一切都无法开始。然后在将构思落实至具体的业务计划阶段，则需要悲观地全面预估各种最坏的状况。而一旦将计划付诸行动，则需要再次回归乐观心态，以各种对策，积极推动其实现。此处的稻盛经营的精髓，亦呈现了 3 节拍的节奏。

进入 21 世纪后，宝洁公司开始在公司内部实施"科学化战略制定流程"。其与稻盛经营的上述节奏颇为相似。宝洁公司的该战略制定流程为：最初先乐观构思项目前景，接着让公司内最具批判精神的人才负责实证实验该项目，最后让公司内擅于"把小做大"的乐观积极型人才负责实施该项目。由此可见，稻盛的"时间轴管理"，可谓世界通用的坚实战略。

而在上述战略中，稻盛最为强调的是 3 节拍的第 1 拍，即"志力（构思力）"。对此，他曾嗟叹道："世间普遍认为，日本人不太具备设定目标的能力。"

他还说道："人一旦以非常悲观的思维方式看问题，就很难想出好点子。在设定目标时，必须站在乐观的角度思考。而在我看来，这正是日本人的欠缺之处。而如今日本的产业界，正急需这种设定目标的能力。"（在丰田旗下子公司 Toyota Auto Body 的演讲，1981 年 6 月 3 日）

野战的一刀流

再说永守，他亦与迈克尔·波特（著名管理学家，企业经营策略领域的权威。——译者注）等人所提倡的教科书般的经营战略无缘。提到永守，人们往往先想到他标志性的 M&A 战略。而其本质，其实是我前述的"石墙战术"。即在修筑石墙时，在大石块的缝隙中嵌入大量小石头。

此外，他大胆的投资战略及全球战略亦是展现他个人特质的"名片"。比如在新冠肺炎疫情及中美摩擦的大环境下，他竟然决定投资 1000 亿日元，在中国建设用于 EV 的马达工厂，此举令世界震惊。但这其实只是永守"占位埋伏战术"的又一次实践而已。先于市场，先行投资。此等手腕，令人想起已故的三星电子前会长李健熙。

而永守经营的真正价值，则在于其"新陈代谢"的思想。他不但做加法，还敢于做减法。对于这样的减法，他称之为"断尾经营"。对此，他曾坦言道："在公司内部，我经常对员工说：'相机也好，电脑也好，总有一天会淘汰消亡，所以不要把这些业务当成救命稻草一样抓着不放。'鉴于此，对于市场占有率位于第 1 和第 2 的业务，我会继续做；但对于市场占有率在第 3 以下的业务，我则会卖掉。"（《日本经济新闻》，2015 年 1 月 15 日刊）

这样的战略思想，与通用电气的杰克·韦尔奇不谋而合。在企业经营类教科书中，这种战略被称为"组合战略（Portfolio Strategy）"。但能在实操中如此大胆迅速做出决策的企业经营者，在世界范围内也属罕见。基于这种战略角度，可将盛守模式的特征归纳为以下 3 点。

第一，自我开创未来。对于教科书所述及时下流行的战略，他俩一概不闻不问。相反，颠覆所谓"常识"、坚定贯彻自身信念，才是盛守经营的本色所在。

第二，连接空间。不管是对于产品市场还是地区市场，他俩都不一味执着于"局部战"，而是着眼大局，做出判断。对于来自市场的繁多信息，他俩会迅速及时地掌握，并对其进行汇编提取，使之成为创造新价值的机遇。

第三，灵活感知时间轴。他俩具备预判市场大潮的先见力，以及迅速感知市场变化的动态视力。这使他俩站在了市场的前面，并兼有处理市场意外变数的适应力。

YKK 公司（全球最大的拉链制造商，其总部位于日本东京都千代田区。——译者注）的已故创始人吉田忠雄曾把这种在实战中锻炼出来的一流"战法"称为"野战的一刀流"（一刀流是日本的一种剑术。——译者注）。在这种充满迫力的实战真知面前，那些拿既有成功案例做背书的"事后诸葛亮"般的教科书理论战略，可谓相形见绌。

在与我同席时，永守也常说："没有实战经验的经营学家和经营咨询师的战略论之类，只能是有害无益。"作为同时拥有这两个头衔的我，实在是彻底"中枪"。

组织资源是核心

何为企业的武器？它不存在于外部附加的战略，而是源于企业固有的资产。资产负债表中所记录的会计意义层面的资产——如实体资产（物）和金融资产（钱）等——皆属于有形资产。但在 IoT（物联网）连接万物及热钱过剩的现代，上述有形资产只不过是既有实物（Commodity）而已。

在这样的时代下，企业创造新价值的竞争力源泉是与人相关的无形资源。该资源可分为 3 大类，它们是组织资源、人才资源、客户资源。

纵观盛守模式的成功方程式，对上述无形资源可谓十分看重。下面对这 3 大类逐一阐述。

第一，组织资源。其包括企业的组织文化和价值观等，是企业的核心资源。在稻盛经营中，其"哲学"便属于组织资源。组织的所有判断和行动，皆以该哲学为基轴，因此方向明确、绝不动摇。该哲学的核心是"动机至善，私心了无"。若用一个词概括，便是"利他心"。

稻盛认为，人类社会之前发展所得的科学技术和文明皆源于"想索取更多"的利己欲望。他还强调道："今后人类的文明基础必须向利他转变，即让他人更幸福、让社会更美好。"（《心：稻盛和夫的一生嘱托》）

人心包含两面——"欲"和"志"。前者包括食欲、性欲之类的欲望，是人这一物种得以生存延续的必要条件。后者则是赋予人类生存意义的充分条件。稻盛把前者称为小欲，把后者称为大欲，并强调必须提高心性，从而将小欲（＝利己心）升华为大欲（＝利他心）。

而在我看来，前者即基于欲望（Greed）活着的"欲本主义（Greedism）"，而后者即以志向（Purpose）为基轴的"志本主义（Purposism）"。

越是遭遇危机和逆境，利他心越能发挥其力量。比如这次的新冠肺炎疫情导致各航空公司乘客骤减，日航亦不例外。而在这样的危机下，日航员工以日航的日本国内航线所覆盖的各据点为中心，并由此辐射开去，积极参与振兴地方经济等活动。待日后乘客量恢复正常，日航便能超越"自产自销"的桎梏，贴近并满足区域外乘客的需求。这正好实践了稻盛所说的"利他本来就是经商的原点"（《活法》）。

再说永守经营，其组织资源即日本电产的"3大精神"。再重复一遍，它们是"热情、热忱、执着""智慧型奋斗""立刻就干！一定要干！干到成功！"。

上述精神听起来似乎是旧时代的"意志论"，但正是这样的组织资源，才使得日本电产在许多日企经历金融泡沫和IT泡沫的破灭而陷入"平成迷茫"时，依然能一路高歌，并跃升为成长幅度最大的日企。

而永守的这种精神，亦展现出了在逆境中"愈挫愈勇"的特质。在新冠肺炎疫情中，日本电产率先果断实施WPR经营手法，旨在将成本减半，并且高瞻远瞩地着眼于后疫情时代，毅然决定在中国大举投资。正是这种领先于世界的决断力和执行力，造就了日本电产飞一般的成长发展。

可见，盛守经营的精髓，便在于这种核心的组织资源。至于具体战略，无非是其衍生物而已。尤其在"变化即常态"的当今时代，倘若单纯纠结于战略的优劣高低，就会在瞬间落于人后。而盛守经营已然证明，组织的指南针是北极星，即毫不动摇的志向，以及亲手开创未来的矢志不移的实践力。

人才资源是支柱

第二，人才资源。实际形成组织资源的，是企业的一名名员工。盛守经营的原动力既非物质也非金钱，而是人才。但这里的人才，并非指世间普遍认为的"优等生"。

优等生通常对自己或者自己的学历生涯抱有自豪感，但其结果往往容易陷入自我满足，而无法做到自我批判。不仅如此，对于客观判断为"成功率较低"的项目或工作，他们也会趋于规避。

在大企业，这种优等生员工较多。就拿 KDDI 来说，稻盛当年提出进军移动通信领域时，头一批站出来表示反对的正是来自 NTT 和 KDD（组成 KDDI 的前身企业之一）的"精英派"。而在稻盛接手拯救日航的重任时，日航经营层干部中亦充斥着精英，他们抱着过去身为"载旗航空公司"的荣誉不放。可就连这样的精英，不，应该说就是因为这样的精英，才使得日航一步步陷入破产的泥沼，并看不到重生的希望。

稻盛在其哲学中强调"必须以将来进行时来看待能力"。不要执着于过去的成功或失败，而应该一直面向未来，持续挑战。这种积极向上的思维，能够不断提升人的能力，乃至无限大。而这正是企业持续成长的驱动力。当年京瓷因规模尚小而无法招到优等生时，稻盛便在企业经营过程中发现了该成功法则。之后，在创立 KDDI 和拯救日航时，该法则都得到了完美应验。

永守的思想亦如出一辙，他还用他自己简单易懂的卓越话术，将其归纳为"育'兵'为'将'"。从日本电产创立之初起，永守在招人时便不看其在校成绩，而是通过"大嗓门"考核（考官向每位应聘者提供一篇文章，让他们一个个大声朗读，谁朗读的嗓门越大，就优先录用谁。——译者注）和"吃饭快"考核（考官向每位应聘者提供一份盒饭，故意叫他们"慢慢吃"，盒饭里有鱿鱼干、杂鱼干、腊香肠，而且米饭故意煮得很硬，为的是让这份盒饭吃起来"难吃又费力"。谁全部吃完，且速度越快，就优先录用谁。——译者注）来选拔应聘者。1978 年，对于通过"吃饭快"考核的 33 人，永守全部予以聘用。他们后来成长为日本电产的中流砥柱。

如今的日本电产今非昔比，其在急速成长过程中，还常常会引进来自其他公司的人才，且有时一引进就是百人规模。对此，永守认为，来自"铁饭碗"般的大企业的人受到"不求有功，但求无过"思想的熏陶，因此派不上大用场；而三流企业的人则习惯于在竞争中失败，因此也要敬而远之。鉴于此，永守的策略是"挑中间"。

对此，他阐释道："（自己原先所在的）公司曾一度蓬勃发展，可之后由于企业经营不善，导致自己被裁掉或者整个公司倒闭关张。这种从天堂掉落到地狱的人，在很大概率上会是宝贵的可用之才。"（《热情、热忱、执着的经营》）

该规律在永守收购企业时亦是屡试不爽。被收购企业之前业绩不振，而在将其收购后，永守便在其员工的灵魂中"注入"永守哲学，并重新锤炼他们，最终重振被收购企业。这便是永守的 PMI 成功铁则——"企业之重生，应始于（员工的）心灵之重生"。

可见，盛守经营的本质共通之处在于不把"物质"或"金钱"摆在第一位，而是将"人才"视为企业的核心资源。这也是全球领先的优秀日企所共通的经营精髓，比如丰田汽车和大金工业等皆是如此。反观一众被欧美经营模式所"荼毒"的日企，它们从平成时代起，便抛弃了上述堪称"世界遗产"的日企光荣传统。

客户资源要提升

第三，客户资源。对于像京瓷和日本电产这样的 B2B 企业而言，"客户"一词包含两层含义，即直接客户和间接客户。

先说直接客户，其即产品的直接购买方（企业用户），属于"面对面的客户"。B2B 企业为了解决客户的课题，进行产品研发，从而向客户提供价值。为此，"如何与客户构筑关系"是成功的关键。

对此，稻盛强调"顾客至上主义"，并指出："对于客户的需求，必须颠覆固有概念，采取挑战到底的姿态。"（《京瓷哲学》）这既是营商之基本，也是创新之源泉。

提倡"顾客至上主义"的企业其实不在少数，但其中不少只是嘴上说说，骨子里却以自己为优先。尤其是制造商，往往会趋于以"自身的技术研发"为轴心。而稻盛则一直告诫员工要避免陷入这种"技术中心主义"。

至于永守，则依然以他通俗独特的语言，提出了同样的思想。即前面提到的"销售排第 1，没有第 2、3、4，技术开发排第 5"。

对此，他还进一步阐述道："因过度迷信技术而消亡的企业数不胜数。""对外宣传公司的技术实力本身没错，但若缺乏'业务的基础是销售'这一基本认识，就无法取得商业成功。"（《热情、热忱、执着的经营》）

自不必说，该原则亦适用于生产制造。对此，永守指出："诸如'按照工厂车间的条件和情况开展生产制造'这种原有的常识，如今已经行不通了"，并强调："营销部门的职责在于敏锐感知客户及市场的需求，并将其传达给工厂车间。"这种与客户同步的生产制造方式，永守称之为"为市场而造（Made in Market）"
（出处同前）。最近开始受到关注的"CX（用户体验，Customer
Experience）价值最大化"思维，与永守的上述思想如出一辙。而
永守早在50年前创业之初起，便一直在实践它了。

但若一味着力于实现客户所希望的用户体验价值，就会助长
欲望经济。要想打造可持续发展的社会，还需要对客户进行正确
引导，即向客户提供"市场创造（Market Out）"型提案。

再说间接客户，要如何打动间接客户呢？所谓间接客户，其
实也就是B2B2X中的"X"元素，其包括B（企业）、C（消费者）、
G（政府）和S（社会）等。面对如此复杂的对象，推动型的销
售力是行不通的。关键要看如何实施拉动型的市场营销策略，以
及如何进一步打造和推广企业自身品牌。

对于一直着力打磨面向直接客户营销力的京瓷和日本电产这
样的B2B企业而言，这属于尚未踏足的领域。而即便是像KDDI
和日航这种面向大众市场的企业，对于以"数字化力量"为驱动
的拉动型市场营销策略，也依然尚处于初见头绪的阶段。

但无论怎样，对盛守经营而言，客户资源都是价值创造方程
式的起点。反观一众趋于"技术至上主义"的日企，则往往会轻
视这方面的无形资源。与之相对，那些察觉到该弱点的较优企业
则在争先恐后地导入最新的市场营销手法。但问题在于，即便再
怎么用来自外部的那些华而不实的理论武装自己，也无法得出能
够真正打动客户心灵的提案。而这也正是众多日企遭遇"平成失

败"的真正原因之一。

要想提升客户资源的价值，就必须提升向客户提供价值者的价值，即公司人才资源的价值。为此，则必须先提升企业固有的组织资源的价值。

盛守经营的卓越之处，在于对上述 3 大无形资源之间关系的正确理解，以及以正确顺序对它们进行彻底打磨。

反应·联动·进化

下面探讨盛守经营的组织模型。需要注意的是，其中的关键并非架构，而是动态论。正如前面所述，京瓷和日本电产的组织架构迥异。稻盛经营把阿米巴组织作为基本单位，而永守则把事业部组织作为基本单位。

如果用不怕误会的绝对化表述，甚至可以说"组织架构本身并不是问题"。因为无论采用何种架构，其终究只是一张解剖图，一幅静止画。就拿著有《剖析世界亦无解》一书的动态平衡论学者福冈伸一来说，对于该问题，我推想他的结论应该是"剖析组织亦无解"。

与生命体相同，企业的细胞（＝组织）也必须不断新陈代谢，从而适应环境变化并避免自身老化。与此同时，每个细胞还必须朝着"为整个机体服务"的方向，与其他细胞保持持续共振，并与周围的生态系统一起不断进化。鉴于此，比起静态架构

（Mechanism），动态力学（Dynamism）更为重要。

与生命体的进化相同，组织进化的原动力也来自"反应·联动·进化"这3节拍的节奏。这"反应·联动·进化"是我思考而得的模型，其源于东京大学名誉教授清水博的 Bioholonics（生物的构成要素及全体相互作用）理论（《重识生命》，中公新书，1978 年）以及诺贝尔化学奖获得者伊利亚·普里高津的耗散系统理论（《从混沌到有序》）。至于相关详细内容，请参考拙著《学习优势的经营》。

稻盛的阿米巴经营擅于激发组织的"反应"。通过自律化地适应市场、运营基层，各阿米巴能够及时感知环境变化，并迅速采取行动。但若一味依赖于这种自律分散型的活动，便难以实现超越阿米巴个体的大型组织化"联动"，更难以达成针对生存及竞争环境本身的"进化"。

鉴于此，稻盛经营通过"共享哲学"来弥补上述弱点，旨在让各阿米巴跳出自身利益的框框，实现"兼顾整个组织""兼顾整个环境"的大局观，即"利他心"的能量。

再说永守经营，其以规模大于阿米巴的事业部组织为单位，以与"反应·联动·进化"相一致的动态论为内核。前述的"3新模式"便是其体现。具体来说，永守视变化为开拓新业务的机遇宝库。在这样的"反应"中，找出适用于各块业务的坚实的新主题（业务机遇），并在组织内共享（"联动"），从而针对产品、市场以及客户实现"进化"。通过这样的组织活动，企业得以实现新陈代谢和体质转换。

但即便如此，如何实现跨越各业务单位的全公司"联动"和"进化"，依然是日本电产的课题。而永守的解决方式是"掌舵"——他审视诸多的变化现象，从中察觉"大浪潮"，并以此为全公司的主题，进而设立横跨各组织的项目。

比如在 2018 年年初，他在公司内提出了"4 大浪潮"——汽车电动化、机器人技术、节能家电、无人机应用。而在 2019 年，他又将其升级为"5 大浪潮"——去碳化、数据爆发、省电化、机器人化、物流革命。而在 2020 年，随着新冠肺炎疫情危机的到来，他又将其更新为"新 5 大浪潮"——去碳化、数据爆发、省电化及后疫情时代、省人化、5G& 设备冷却解决方案。

对于永守这种不断站在时代潮头并准确抓住前景机遇的敏锐嗅觉，我称之为"永守算法"。而如何将这种先见力植入组织中，则是永守经营直面的课题。关于这一点，我会在最后一章予以进一步探讨。

综上所述，永守经营的组织特征是将传感器置于现场，从而及时感知市场的"反应"，然后将其"联动"至组织全体，并以"获得新机会"为目标，不断实现组织的大幅"进化"。可谓一种动态力学。

这与前面提到的"二元性经营"那种浮于表面的模式有着根本区别。深化和探索不可彼此割裂。探索之类的肤浅活动无法触及本质性的"反应"，唯有不断深化，才能捕捉到"反应"，从而进一步在组织中激发"联动"乃至"进化"的大发展。这便是永守流派的组织运动学本质。

零失败经营

MORI 模式中的 OR（目标与结果）即瞄准设定的目标（Objective），彻底追求成果（Results）。换言之，这里的目标并非"努力争取的目标"，而是"必须达成的目标"。

在该方面，与其他一众日企相比，MORI 模式有两大与众不同之处。

第一，MORI 模式不设定落实于具体数字的中期计划。就拿稻盛来说，自京瓷创立之初起，他就一直只制订年度经营计划。

对此，他曾说道："对于 3 年、5 年后的情况，任谁都无法正确预测。但对于 1 年后的情况，则应该能预见个八九不离十。然后再把这年度计划细分为月度乃至每天的目标，并以'必须达成'的精神，为之不懈努力。"（《干法》）

一边提倡"树立远大目标（Objective-driven）"，一边在实践时又强调"要重视一步一个脚印的积累（Results-oriented）"。这乍一看似乎自相矛盾的教条，其实正是稻盛经营的精髓所在。

稻盛还指出："一味关注远大目标亦不可取。过于好高骛远会导致倦怠感和无力感，从而挫败停滞。正确的做法是将远大目标渗透至潜意识，而在平日一步一个脚印地扎实努力。如此不断前

行，有一天会惊觉自己到达了不得了的高度。"（出处同前）

再说永守，他也会提出长期愿景，但认为为此堆砌烦琐的数字实属浪费时间。在他看来，中期计划的数字只是"中途的标识"，应该关注的是"长期的远大目标"和"短期的坚实成果"。正如前面所述，我称之为"远近复眼经营"。

可反观绝大多数日企，却一味热衷于制订中期计划。即便大家都明白，在 VUCA 时代，根本无法确切预测数年后的各种数字。通过这次新冠肺炎疫情，我原以为这些日企总算该清醒了吧。可结果呢？它们又开始忙于修正之前的中期经营计划。明明应该根除这种"中期计划病"，向盛守流派的"远近复眼经营"转型才对。

永不放弃

第二，MORI 模式强调"提出的目标必须实现"。纵观许多日企的中期计划，往往会以"业务环境变化"等为借口，最终未能兑现。其中更有不少企业为了保住面子而"搞套路"——每年根据环境变化而拉低计划目标，美其名曰"延续调整（Rolling）"。如此一来，更显得中期计划之无用。

另一方面，MORI 模式对于目标的看法与源于美国西海岸的OKR（目标与关键结果，Objectives and key results）亦有所不同。正如前面所述，OKR 的目标较为弹性，并将"70% ~ 80%"的目标达成率视为理想数字。而盛守经营则强调"目标即能够实现的最高值"(《热情、热忱、执着的经营》),并不断执着于"目标必达"。

正如前面所述,稻盛也好,永守也好,皆豪言道"自己从未失败"。永守曾说:"迄今为止,没有我们公司不能解决的问题,没有我们公司不能研发的新产品。"究其原因,他坦言道:"很简单,我们绝不中途放弃。"(出处同前)

而稻盛亦指出:"永不放弃方为成功的条件。"(《活法贰:成功激情》)此外,他还阐述道:"不管遭遇任何困难也绝不放弃,是领导者的十项职责之一。"(《稻盛和夫的实学:活用人才》)诸如"燃烧的斗魂""不屈的斗志""觉悟"等,皆为稻盛经营的关键词。

稻盛还说:"认为已经无能为力了!已经黔驴技穷了!这不过是前进过程中的一个时点。坚忍不拔,使出浑身解数,绝对能成功。"(《活法》)

总之,对于像中期计划数字之类无意义的东西不感兴趣,但对于提出的远大目标,哪怕在时间上有所延迟,也誓要达成。这便是盛守经营的作风。

当然,在其过程中,困难挫折和不尽如人意之事乃家常便饭。但由此学习教训,从而更近目标一步,便是盛守经营的原则。

对此,永守曾说道:"以大失败为垫脚石,从而获取更大成功,便是我的基本立足点。"(《热情、热忱、执着的经营》)

日本人经常把"Try & Error（试错）"挂在嘴边，但这样却导致经营者"不断失败，不知悔改"。与之相对，如今美国硅谷的流行语是"Try & Learn（学错）"，即"从失败中学习成功的法则"。

"只要敢于克服各种逆境，相信自己的潜能，不断尝试挑战，就不会陷入失败。"（《心：稻盛和夫的一生嘱托》）这便是稻盛的信条。在我看来，这就是日本当年能在战后创造经济奇迹的原动力。而稻盛指出，重拾这种不为环境所左右的不屈不挠的精神，正是重振日本的道路所在。

第九章
CHAPTER 09

直击灵魂

① ▶ ⑫

打动人心的经营

MORI 模式最后的"I"即 Inspire（鼓舞激励），也可解读为"打动灵魂"。盛守经营把"人"视为最大的企业经营资源，并以近乎乐天派的思维，对人的可能性寄予了极大的期望。

前面提到，稻盛相信"人的能力是无限的"，并强调"以将来进行时来看待能力"（《活法》）。

再说永守，他把能力（IQ）和活力（EQ）分开看待，并强调"（员工之间）能力的差距至多 5 倍，但意识的差距可达 100 倍"（《要学会打动人！》）。

但归根结底，上述只是潜力。而盛守经营认为，个体努力程度的函数值，决定了有多少潜力能够被发挥出来。

对此，稻盛指出"所谓人生，无外乎'每天'的积累，'当下'的连续"，并强调"要努力到神灵出手相助的程度"（《活法》）。

而永守也从自身经营企业的经验出发，坦露了自己的信念："自打（创业）初期，我就怀揣着梦想和浪漫，因为我认为自己是在'用现有的本钱投资未来'。但即使出再多的钱，未来也是买不来的。唯有依靠自己的热情热忱执着，才能把握未来。这也反过来坚定了我的信念——只要拥有热情热忱执着，就能确切地

拥有未来。"(《要学会打动人！》)

而对于"人的魅力"，他则感言道："一个人的魅力，取决于其是否能以未来为目标，结合自己的智力和体力，并将它们转换为迸发的能量。换言之，心怀大志、燃烧斗魂，便是一个人的魅力之源。"（出处同前）

正因为如此，永守才会要求员工"念100遍'能做到，能做到，能做到'"(《热情、热忱、执着的经营》)。这并非出于单纯的热血精神论，而是基于对人的意识的深刻洞察：意识能激发巨大的能量。

鉴于此，盛守经营将领导的最大职责定位为"打磨人才资源，最大限度激发其潜力"。换言之，身为企业领导，必须开动脑筋、花费时间，想方设法点燃员工心中的激情。对此，永守还指出，缺的不是"人"，而是"对人的教育培养，以及对工作方式的钻研和改进"(《挑战之路》)。

与实践自律型阿米巴经营的稻盛相比，永守较易被人们视为"独断独行的企业家"。但其实永守一贯强调："所谓打动人，并非通过强权使员工沦为一味执行命令的机器人或盲目言听计从者。"

他认为："（领导）唯有把员工本人的成长放在第一位，并向其提出'个人成长与公司发展'相结合的中肯建议，才能激发员工的主观能动性，使其基于自身意志行动。"

上述内容引用自永守所著的《要学会打动人！》一书。下面继续以书中内容为依据，探寻永守经营的本质所在。

成为"打动人的人（＝真正的领导）"的基本条件是什么？对此，永守一语道破——"知人心"。他说道："下属性格各异、个性多样，要想让他们为自己所用，就要敏锐地体察人心。"

但他同时也强调，这并非指"盲目地讨好下属"，关键在于"恩威并施，巧妙地平衡'温情'和'冷酷'这两种相反的感情"。

站在对方的立场

那么具体该怎么做呢？永守提出了两大具体手法。

其一是"擅于聆听"。永守对此阐述道，"要跳进下属所描绘的剧本中，和下属一起入戏，一同感动。这样的感动，能成为建立与下属之间坚实信赖关系的原动力"。

其二是"下属立场"。永守对此比喻道，"站在对方的相扑台，打自己的相扑赛"，即"对方（员工）才是主角，自己只是启发、督促、激励的配角"。

在过去的 5 年里，我与永守近距离接触的机会较为频繁。而每次与其交流，我都为其高超的"掌握人心之术"所叹服。首先，他不会居高临下，而是站在对方的立场上，提出严苛但有益的建言。而且这样的建言并非抽象的经营论，而是基于自身经验体会的平易语言。而最后，他还不忘用一句"我看好你哦！"予以鼓励打气。

纵观社会舆论，往往倾向于把永守视为"面相可畏的专权企业家"。可越是了解他，就越会被他"对人的洞察力"而倾倒。永守经营的精髓，便在于这种信念——他认为"唯有对下属的痛苦感同身受、并与下属共同分担之人，才是'以诚心打动人心'的一流领导"。他还强调："企业经营者需要不断广泛地研究人，这能提升在经营方面的敏感度。"（《挑战之路》）

再看稻盛，由于他一直呼吁"利他心""大义""正道"，因此给人的印象是"德高望重的企业家"。当然，这是他应得的如实评价。而也正因为他的这种思想和品质，他对于人性的弱点和私欲也洞察明晰。不仅如此，在此基础上，他并未单纯地宣传神学论，而是源于自身的经历，站在对方的立场，以全心全意的态度，将自己的信念娓娓道来。

稻盛经营和永守经营，二者乍一看似乎是完全不同的流派，但在"打动人"这一点上，其本质却分毫不差。

绝对的主人翁意识

此外，盛守经营还有共通的"用人观"。他俩都坚信，员工一旦拥有"绝对的主人翁意识"，便能改变行动模式，并发挥与之前判若两人的出色表现。最早使用"绝对的主人翁意识"一词的，应该是瑞可利公司的创始人江副浩正。直至今日，它依然是瑞可利公司的行动准则。这也使得该公司在创立 60 年后，依然保持着"一支热情燃烧团队"的初心特质。

而无人不晓的本田宗一郎亦留下了不少类似的语录。其中最能体现"本田魂"的要数他生前的一句口头禅——"你怎么看？"该问句与前面提到的"不去尝试，能懂什么？"相配套，在距离本田技研创立 70 多年的今天，依然是"本田哲学"教育之基石。毫不夸张地说，如今的本田技研是否能再创辉煌，便取决于其每名员工是否能将上述精神"消化吸收、为己所用"。

其实，稻盛和永守都未直接提过"绝对的主人翁意识"这一说法。但他俩所提倡的精神本质，却与之如出一辙。比如稻盛强调"每天都极度认真"（《活法》），并认为这样的思想是行动的原动力。他还指出："无论如何也要干，这个梦想犹如决堤洪水，以不可阻挡之势驱使我大胆行动。"（《提高心性　拓展经营》）

而在《京瓷哲学》中，稻盛也有下列相关语录："成为旋涡的中心。""把自己逼入绝境。""在相扑台的中央交锋。"

而这些语录背后的深层支点，则是他的经验心得——"认为不行的时候，正是工作的开始"。在《京瓷哲学》中，稻盛写道："成就事业的关键，比才能和能力更重要的是当事人的热情、激情和执着。要如同甲鱼一般，一旦咬住就决不松口。当你认为不行的时候，正是工作的真正开始。

"如果拥有强烈的热情和激情，那么，不管是睡着还是醒着，从早到晚，整天都会冥思苦想。这样一来，愿望就会渗透到潜意识，在不知不觉中朝着实现这个愿望的方向前进，使我们走向成功。要想成就辉煌的事业，必须有燃烧般的激情和热情，坚韧不拔，奋斗到底，不成功决不罢休。"

不做"被温水煮的青蛙"

正如前面所述，永守 3 大精神的头一项是"热情、热忱、执着"，而其后是"智慧型奋斗"。在堪称永守经营的原点著作《挑战之路》一书中，他阐述道："奋斗方为企业成长的原理原则。"

"纵观世界，不管在何地何处，凡是在成长发展方面优人一等的企业，皆拥有'奋斗'的共通特质。成长的背后，必有奋斗的汗水。反之，不流汗而轻松成长的企业是不存在的。"

"担当企业发展重任的，并非天才个体。具备奋斗主义和合作协调精神的庸才集合，方为组织的原动力所在。"

而履行上述精神的结果，便自发催生了"立刻就干！一定要干！干到成功！"的行动准则。这便是永守经营的原点。

在日本电产公司里，随处可见动漫风格的宣传海报。海报中，永守的动漫形象是一个穿着公司绿色商标（日本电产株式会社的商标 Logo 是绿色的"Nidec"字样。——译者注）风格的西服、系着领带的人物形象，他以简单平实的语言，阐述着企业经营的关键词。现摘录海报中的口号如下：

"通向顶点之路，始于 3 大精神。"

"你们不做，谁来做?！（永守）""请交给我们做！（员工）"

"打破 6 大恶因！！"

顺便提一下，这里的"6 大恶因"指守旧、放弃、怠慢、妥协、自满、大意。它们皆可谓"大企业病"的典型症状。

近年来，永守养成了在公司里随身拿着一叠贴纸的习惯。该贴纸上印着"温水煮青蛙"的卡通形象。据说，一旦他在公司里发现上述 6 大恶因的兆头，就会默默地在当事人背上或其办公桌上贴上该贴纸。换作其他企业，此举恐怕会被扣上"权力霸凌"的帽子，但在日本电产，这种体现了永守幽默风格且简单明了的警示方式颇有效果。员工们为了避免被贴上"被温水煮的青蛙"的标签，每天在工作中都不忘初心、不敢松懈。

至于大企业病的另一典型症状，则要数"回避风险"。永守很清楚，在当今"变化即常态"的时代，不冒风险就是最大的风险。为了让日本电产不掉入该陷阱，他一直贯彻"加分主义"。

对此，他阐释道："对于员工因懒惰大意而招致的失败，我会予以彻底叱责，但不会因此在评价方面对其减分。对于员工积极向上的尝试和行动，不管结果如何，我都会在评价方面予以加分。"（《热情、热忱、执着的经营》）

最近，不少企业都在尝试从"减分主义"向"加分主义"的转型。可其中多数就连"彻底叱责失败"这一点都放弃了。这种"对员工温柔和善"的企业，乍一看似乎是让员工感到自在的职场，但其实是把员工将来的可能性都一并掐灭了。

为了促进个体的正确"自律"，组织的"规则"必不可少。

这种看起来似乎自相矛盾的经营原理，亦是盛守经营的共通点之一。

大善与小善

对于上述经营的基本原理，稻盛归纳为"小善似大恶，大善似无情"。至于这句话的由来，据说出自日本战国武将武田信玄之口。

对此，稻盛还进一步阐述道："缺乏信念、一味迎合部下的上司，这并不利于年轻人的成长。虽然年轻人会感到轻松，但轻松舒适会宠坏他们。"（《提高心性 拓展经营》）

但说到"叱责"，稻盛也有自己的方式方法。在一次接受采访时，稻盛坦言："在叱责员工方面，我认为自己一直贯彻着'不伤害对方人格'的原则，即对事不对人。对于员工的行为和工作方面的问题，我会严厉叱责。比如，'你怎么会出这种岔子?! 这事情应该这么处理才对!!'但我并不会单纯贬损对方这个个体本身。（具体来说）对于性情乖僻、思想负面的下属，我当然也会严厉叱责，但一旦涉及其性格本身，我就会转为谆谆教诲的态度。此外，在开会时听取数字汇报时，我常常会叱责相关负责人。比如销售额为何增加或减少、费用支出为何如此之多等，如果汇报者无法解释清楚，或者根本没有思考问题对策，我就会严厉批评汇报者。"（《周刊朝日》，2013 年 9 月 30 日刊）

这充分体现了稻盛"正直且严厉"的作风。而在出手拯救日航时，他也始终贯彻着这种严厉的态度。

对此，他曾回忆道："当时的日航干部们精英意识较强，对于我的谏言，他们听不进去，认为'事到如今再讲企业经营的理想论有何用处'。无论我怎样苦口婆心，他们始终将信将疑。因此当时不管是在正式会议还是小规模碰头协商的场合，我都经常会叱责他们——'你们是评论家吗？''我的年纪和你们的父亲甚至爷爷差不多，所以别唠叨，老实把我的话听进去。'（中略）我真可谓抓到机会就训他们，且每天皆如此。于是乎，一个78岁的老头儿不领一分钱工资，却为了重振一家企业而拼命努力的精神，大概最终打动了其员工的心灵吧。就这样，同意并接受我的思想的人出现了，而这样的人一旦有了一个，就产生了连锁反应。最终，我所提倡的经营哲学以及'追求全体员工物质与精神两方面的幸福'的经营理念迅速在日航内扎根普及。至此，日航的确开始发生了转变。"（出处同前）

还有一件体现了"大善"本质的逸事，且出自稻盛本人之口。其内容如下："公司里有一名干部，他经常被我训。有一次，他的熟人不禁问道：'你们的领导整天训斥下属，为什么你们还如此追随呢？'结果那名干部答道：'每次被骂一通后，当我要走出社长办公室时，一回头，便看见社长笑眯眯，还对我说谢谢。这一幕足以令我的负面情绪烟消云散。'"（《钻石社哈佛商业评论》，2015年9月刊）

诚心叱责

而永守亦几乎异口同声地阐述着相同的信念。下面再次以其所著《要学会打动人！》为素材，从中摘取相关的永守语录。

要抛弃"不想被人讨厌"的本能！

爱之深，责之切。

若缺乏基于爱意的严厉，便无法发挥强大的领导能力。

此外，"'捧杀'一词实为妙哉"这句语录，可谓永守黑色幽默之代表。对此，他还进一步阐释道："要毁掉一个人实在太简单，只要把对方宠上天即可。"

而正因为如此，永守一直主张训斥员工。他甚至指出"员工教育的基本，应自训斥为始，以训斥为终"（《挑战之路》），可见其在该方面的坚定执着。下面再回到《要学会打动人！》，摘取其中相关的语录：

（员工）有长处才值得训斥。

训斥不可趋于单调，也要讲究形式多样。

有时也可通过贬斥对方来点燃其心中斗志。

对员工并非一味训斥，他也强调道："一旦（员工）出成果，则可稍许过度表扬，从而激发其干劲！"这种恩威并施，正是永守掌控人心的妙处所在。

近10年来，我另一位近距离接触的天才企业经营者要数柳井正。柳井对员工的严厉程度亦极高。对此，他曾坦言如下："我百分之百相信人的潜力，因此对员工的缺点和错误亦会毫不留情地指出。企业经营者的职责是什么？仅仅是被员工爱戴吗？显然不是。企业经营者所肩负的，是严肃重大的经营责任。"

鉴于此，他认为纵容溺爱员工的行为，其实是对员工的亵渎，而彻底激发和打磨员工潜能，才是企业经营者的责任所在。反之，那些因害怕被扣上"权力霸凌"的帽子而放弃该根本责任的企业经营者，那些甘于对员工施舍"小善"的企业经营者，最终会害了员工，并害了企业。而这种"稀松派"经营者的增加，或许正是一众日企遭遇"平成失败"的真正原因之一。

从"工作方法"到"工作意义"

平成时代，诸如"企业战士（指在日本经济高速发展期卖力工作的日本上班族，他们具备"甘愿为公司粉身碎骨"的精神。——译者注）不合时宜""批判黑心压榨企业""杜绝权力霸凌"等看似"政治正确"的价值观不断蔓延，与此相关的最大闹剧——官民共举的"工作方式改革"也在推行，这些导致整个日本陷入迷途。究其本质，它们其实是一种倒退，即把人的劳动观退回到"劳动乃非人道行为"这种近代早期的水平。

下面摘录稻盛在其所著《活法》一书中的若干语录：

劳动对人具有崇高的价值和深远的意义。劳动具有克制欲望、磨炼心志、塑造人格的功效。（中略）。所以说，聚精会神、孜孜不倦，全身心投入每一天的工作，这就是最尊贵的"修行"，就能磨炼灵魂、提升思想境界。

彻底地喜欢自己的工作是通过工作丰富自己人生的唯一的方法。

有的人对自己的工作怎么也喜欢不起来，那又该怎么办呢？姑且一心不乱、拼命投入工作再说。

工作的乐趣潜藏在超越困难的过程之中。

在日常的劳作之中，就有一条磨炼灵魂、提升心志、通向悟境之路。

人在工作中成长。为了提升心性、丰富心灵，需要全身心投入到工作之中。这样做，自己的人生就会更加美好，更加幸福。

可见，稻盛强调"劳动的尊严"，并嗟叹沉浸于"平成惰眠"中的许多日本人早已抛弃了这种日本自古以来的劳动观美德。

他还直言："日本厚生劳动省一味想要缩短工作时间也是个问题"，并警示"这会促使人们走向堕落"（《稻盛和夫的哲学》）。

而在前面所述的与哲学家梅原猛的对谈中，稻盛如下阐述道："'劳动时间尽可能少，要能够轻松赚钱'的这种风潮有碍于我们提升人格，丧失劳动原本具备的崇高意义，剥夺了我们获得成长的宝贵机会。"（《对话稻盛和夫：话说新哲学》）

"佛祖释迦牟尼将'六波罗蜜'称为'精进'（辛勤努力的工作）。此外，劳动总是与辛苦如影随形，这在'六波罗蜜'中被称为'忍辱'。正是通过这些考验，人才会不断成长。总而言之，

劳动是我们在磨砺心性、塑造个性过程中最重要的一个要素。"（出处同前）

而亦如前述，在与山中伸弥的对谈中，对于"'VW'方为超越国家和行业范畴的组织驱动力"的观点，二人表现出了强烈共感。"VW"即"Vision & Work hard（梦想远见 & 努力勤奋）"。可纵观当今日本，虽然有"Vision"之类的画饼，但欠缺"Work hard"之类的纲领，而这样是无法开拓未来的。

从"快乐周五"到"快乐周一"

而高举"智慧型奋斗"大旗的永守，应该是最同意稻盛上述观点的企业家吧。在永守看来，能否自信地说"没有比工作更有乐趣的事儿了"（《要学会打动人！》），决定了一名员工的成长发展，而这种员工个体的总和，则决定了整个企业的成长发展。

对此，永守有一句一流的设问："周日的夜晚开心愉快，那有没有觉得周一的早晨更为令人激动呢？"（出处同前）换言之，不是"快乐周五"，而应该是"快乐周一"。他的上述设问，的确精妙得令人叫绝。

大家是否听过"Blue Monday（忧郁周一）"的说法？这不是一种鸡尾酒的名称，而是指上班族和学生一到周一，就陷入忧郁情绪的一种症候群。顺便提一下，这在日本还有个颇有国民特色的别称——"海螺小姐症候群"。这当然不怪海螺小姐，而是因为《海螺小姐》(由日本漫画家长谷川町子的四格漫画改编而来的动画片。——译者注)的播放时间是每周日傍晚，因此让许多人心情低落。

而随着如今远程办公和授课的常态化，"上下班之痛苦""上放学之痛苦"正在成为过去式。可这又导致对工作和学习本身的痛苦感愈发鲜明。如此一来，一周的大部分时间，乃至人生的大部分时间，似乎都沦为了痛苦的体验，实在是可惜。

正如前述，2016 年，永守风头一转，提出了"实现零加班"的口号。这乍一看似乎让人觉得他要卸下"奋斗"的招牌，可事实上他是对员工提出了更高的"奋斗"要求。该口号的核心在于"让 8 小时内的工作效率翻倍"。

曾任经济产业省审议官、如今为日本电气副社长的石黑宪修是我大学时代的学友。他有一次和永守对谈时，永守道出了"实现零加班"口号的想法。

当时，永守坦言道："我们日本电产计划在短期内全面转变工作方式，但这与许多日企在搞的'工作方式改革'完全不同，它们往往只是单纯地减少加班量，或者提倡周末不加班。这种政策根本称不上'改革'。我们日本电产的榜样是德国企业。纵观德企员工，他们不加班，每年还有 1 个月的暑期休假，却依然在为企业创造较高的利润率。在我看来，这得益于德国的 Meister 制度（德国的高等职业能力资格认证制度。——译者注），其培养了能力到位的员工，再加上企业领导的力量，便实现了彻底到位的'无浪费、高效率'工作方式。若光看生产效率，日企平均大约只及德企的一半。那日企要如何实现德企这种工作方式呢？很简单，取消加班，并让工作效率翻倍即可。我认为，只要做到这一点，就赶上德企了。"（《日本经济新闻》，2018 年 6 月 11 日刊）

我任职于麦肯锡公司时，曾一度负责对德国分部合作伙伴的评估工作，因此亲眼见识了不少德国企业和德国人的工作方式。他们一早先去健身房或游泳池运动一番，然后再去上班；到了傍晚，他们按时下班回家，和家人共进晚餐。但在工作时间内，与把时间浪费在冗长会议和事务性工作上的日本人相比，他们的效率可谓绝对碾压。

Work in Life（生活中有工作）

根据经济合作与发展组织的统计，2010 ~ 2016 年的日本人的单位时间平均工作效率约为德国人的 2/3（顺便提一下，日本人的工作效率大约是挪威人的一半）。另一方面，论工作时长，日本人平均大约是德国人和挪威人的 1.5 倍。换言之，日本人在通过延长工作时间，来弥补工作效率的低下。

可见，倘若实施日本政府所谓的"工作方式改革"，单纯取消日企的加班，则日本人的工作效率会一落千丈。这样一来，不要说和中国及其他亚洲新兴发展中国家竞争了，连欧美的对手都不是。换言之，不伴随"效率翻倍"的工作方式改革，本质上与英国政府 50 年前导致"英国病"的亡国政策如出一辙。这种改革被冠以"成熟"的美名，其实却是衰退的起始。

追根究底，"Work-Life Balance（工作生活相平衡）"的思维本身就是谬误的开端。其属于 19 世纪的陈旧劳动观，即认为工作是出卖自己的时间，而生活是回归自我，由此得出"劳动只是资本对人的奴役"的结论。这等于是在拷问"把人生的多数时间花在工作上的意义为何？"。

可纵观如今的世界先进企业，其都已纷纷开始提出"Work-Life Integration（工作生活相融合）"的口号。而亚马逊的创始人杰夫·贝索斯则更进一步，提出了"Work-Life Harmony（工作生活相和谐）"的思想。

至于我，则主张"Work in Life（生活中有工作）"以及"Life in Work（工作中有生活）"。即生活和工作属于"你中有我，我中有你"的关系。这与后疫情时代以及新常态下以"远程办公"为主体的生活方式较为匹配。而为了与所谓的"工作方式改革"相区别，我称这样的改革为"工作意义改革"。

一桥大学名誉教授（现任日本国际大学校长）伊丹敬之曾指出，日企大幅成长的原动力，在于以人为本的"日式企业体系"。他将其称为"人本主义"（《人本主义企业》）。

可颇具讽刺意味的是，在伊丹教授提出上述观点后不久，许多日企便将该经营原理视为"老旧的区域性理论"，转而向盎格鲁–撒克逊模式的资本主义经营倾斜。而该趋势与日本"失去的

30 年"在时间线上重合，可谓绝非偶然。

许多年后，在一次采访中，面对主持人"人本主义是否已死？"的提问，伊丹教授回答："至少在日本电产和京瓷，人本主义还活着。二者都是对员工要求严苛的企业，但又充满人情味。跟不上其企业思想和节奏的员工会自行淘汰，但留下来的员工则会拼命努力。二者的共通点还包括对于管理会计的谨慎和重视，从而把组织的努力成果以数字的方式清晰呈现，这一点至关重要。对此，可能有人会质疑'企业究竟是股东的企业？还是员工的企业？'，但只要充分实施人本主义，股东最终亦会受益。"（《日经 Business》商业杂志，2015 年 7 月 31 日刊）

的确，盛守经营所提倡的劳动观既是日本的"自古传统"，又是世界的"先端思想"。可在日本最近甚嚣尘上的"稀松"风潮中，把稻盛和永守批判为"黑心压榨企业元祖"的报道和网络贴文屡见不鲜。这着实令人叹息不已。我由衷期盼像稻盛、永守以及他们的后辈柳井，乃至新世代的高岛宏平（Oisix 株式会社董事长，该公司是一家在线销售各种食材的公司。——译者注）等有识之士能够拨乱反正，扭转当下这种"连阐述'工作的意义'都需要勇气"的逆流。

培养领导

那么谁能将组织"Inspire（鼓舞激励）"为人本主义形态呢？

稻盛通过阿米巴经营，旨在实现"全员经营"。而永守则警示全员经营的风险，他认为其会导致"无人负责的经营"或"无人拍板的经营"之恶果，但他也旨在使全体员工形成合力，从而实现"全员参与型经营"。而要实现上述"全员经营"或"全员参与型经营"，则要靠企业经营者及其新一代接班人的能力。

对此，稻盛曾指出，阿米巴经营的真正目的，在于"培养领导"。具体来说，"阿米巴经营将组织划分为名为'阿米巴'的小集体，由此把公司的结构变为一种'中小企业联合体'，并让各阿米巴的巴长全权负责其所属阿米巴的运营工作，由此在公司内部培养具备经营者意识的人才。"（稻盛和夫官网）

而永守亦强调："要想盘活组织，经营者就必须选拔出能力强的干部候补，并亲自将其栽培为更为强大的领导。"（《挑战之路》）对此，他还引用了"狮王选继承人"的故事，传说雄狮会故意把自己的幼崽推落到谷底，然后把能从谷底爬上来的幼崽培养为新狮王。这也体现了永守中意"丛林法则"的性格。

此外，永守还拿动物做过一个简单易懂的比喻式设问。他说："由1匹狼率领的49只羊的军团，和由一只羊率领的49匹狼的军团。若双方开战，哪一方会赢？"

当然，答案是前者会赢。于是永守抛出结论——"组织的输赢，取决于其领导的能力"。

他还进一步指出，这种领导型人才，是无法外包和外聘的。对此，他曾坦言道："我曾外聘过所谓'职业经理人'来管理公司，可成效却是零。可见，自己家的企业经营，没有外人能够替你包办。由此我深刻认识到，日本并不存在真正意义上的职业经理人，下一代领导只能靠自己来培养。"(《钻石周刊》，2019 年 10 月 26 日刊)

稻盛和永守都把"培养人才"视为最重要的经营课题，且为之分配的时间最多。而被誉为"20 世纪最杰出企业经营者"的通用电气原 CEO 杰克·韦尔奇亦在任职期间倾力于人才培养。据说当时他常常待在通用电气知名的领导培养机构"GE 克劳顿管理学院"里。在那段职业生涯中，他把工作时间的 40% 都用于培养公司的接班人才。虽然没有稻盛和永守在这方面的量化数据信息，但若算上 QJT("Quality Job Training"的缩写，意为"质量岗位培训"。——译者注)，他俩针对企业人才培养的时间投资应该超过了总量的 80%。

对于培养一名领导所需的时间和金钱，永守曾做过如下估算："要想培养出一名企业经营者，最快也要 10 年时间，且起码需要 10 亿日元。"(《要学会打动人！》)

全球经营大学

不仅如此，在"领导接班人培养计划"方面，稻盛和永守二人也都拥有超凡的热情、热忱和执着。且这份热情不仅止于培养公司内部人才，还延伸至助力外部的人才培养。

先说稻盛，他以"哲学教育"为优先，取得了显著成果。这在京瓷、KDDI以及日航的成功案例中体现得淋漓尽致。此外，他还通过京都奖和盛和塾，超越了自家公司的范畴，进而倾力于全日本乃至全世界的次世代经营者培养事业。这一点我在前面已有提及。

而永守也把"具备企业经营意识的人才依然不足"（《挑战之路》）视为最大的经营课题，并且花费大量时间，在"永守经营塾"和"全球经营大学"传授永守经营哲学。此外，正如前面所述，他还运营永守奖和京都先端科学大学，以便发掘和培养全球的次世代人才。

而纵观其他日企，其中有不少也开始摒弃把培养对象派到欧美知名商学院的"轻松游学型培训方式"，转而开展自家独有的经营者培养计划。可观其本质，却发现几乎都是交给外部研修机构的"撒手外包型"，抑或是只靠现任经营者亲自上阵灌输自身思想和经验谈的"土法炼钢型"。这类自我满足型的计划，并不能培养出真正的企业接班人。

再看我也在其中任教的全球经营大学，其教学培训的认真和正式程度，绝非上述培训形式可比拟。全球经营大学以来自全球各地的次世代经营者候补为对象，永守以亲自讲课的方式，向他们彻底传授永守经营的精髓。不仅如此，正如前面所述，该大学还引入禅寺的实地修行体验以及对日本乃至世界最先进的经营改革手法的实践学习，且最后还要求学员提交针对自家公司的改革计划方案，并在 1 年后再次汇报其实施结果。

对于上述培训的用意和成果，永守曾做如下阐述：

"在该研修过程中，我们会向学员传授日本电产的世界标准'Nidec Way'，以及近似 MBA 的全球化商学课程，但关键在于不照搬书本，而是给予他们鲜活的知识。比如给他们讲我自己的经历和体验，从而使他们从中领会'何为社长'，进而心生领导候补者应有的思想觉悟。于是乎，'迷你永守'便得以增殖。我们全球经营大学如今已有 40 名左右的毕业生。其中有的回国后成为公司的社长，有的领导着几百号人的组织，发挥着不小的影响力。这让我感到我们大学的教育不是死板的，而是活生生的。"（《钻石周刊》，2019 年 10 月 26 日刊）

而日本电产海外子公司的 CXO（各类首席官）级别的干部们也在接受上述培训。日本电产德国分部的 CFO 范·鲍尔便是其中之一。对于全球经营大学的上述培训，他感言："（这项培训）主旨非常好，且质量高，其类似于一套短小精悍的 MBA（工商管理硕士）课程。而其中最重要的，则要数关系网的构建。通过一起培训，我能够与各高层经营干部和其他部门的管理人员彼此熟识。通过在日本的该研修活动，我进一步加深理解了永守哲学。（中略）虽说课程充满了日本电产的氛围和文化，但其许多内容都具有普遍性，可谓价值巨大。而且永守先生的语言简单平实、通俗易懂，若全员都能领会并付诸行动，日本电产的未来可了不

得。"（出处同前）

回国后，鲍尔与其他领导干部们商议，讨论在欧洲设立类似培训中心的事宜。这正是对永守的教义——"消化吸收、为己所用"和"立即实行"的实践。

稻盛和永守的目标，在于培养出真正的领导。而所谓真正的领导，即树立远大志向（M，Mindful）、执着达成目标（OR，Objective-driven & Results-oriented）、点燃员工激情（I，Inspire）的人才。而这正是 MORI 模式本身。

至于二者的不同之处，则在于对要素的着重之处。稻盛最为看重"大义"。即侧重 M 要素（Mindful）。而永守最为看重"打动人"，即视 I 要素（Inspire）为最高价值。可见，若排列 MORI 模式中 M、O、R、I 这 4 大要素，则稻盛经营可谓"前轮驱动"，而永守经营可谓"后轮驱动"。但要注意的是，其他两轮也在自律地持续转动，即以"全轮驱动"为大前提。

且在"何为领导的根本职责"方面，他俩皆立场坚定，一致认为"持续变革"方为领导的根本职责。

源于"志命感"而非"危机感"

那么，何为变革的触发器呢？人们一般倾向于认为"危机感"是变革的触发器。但稻盛指出，其关键并非危机感，而在于

"大志"。就拿日航来说，当年其恰恰直面危机，但其之所以能浴火重生、发起真正的变革，绝非仅靠危机感。

对此，稻盛曾说道："（当时）日航内部对破产并没有足够的现实认识。（中略）于是我和日航的干部们讨论，并向他们指出，若领导缺乏强烈愿望和志命感，日航就无法重生。"（日本记者招待会报告记录，2011 年 2 月 8 日）

在上述采访中，针对日本陷入的"平成失败"，稻盛亦阐述道："（日本经济之所以低迷）我觉得也归咎于许多日企领导缺乏强烈愿望。在过去的 20 多年里，他们似乎都在沉睡。换言之，问题出在企业经营者的意欲。照这样下去，日本就会步入慢性衰亡。"

再说永守，他亦认为凭借"危机感＝悲壮感"根本解决不了问题，进而强调"关键要怀有'积极向上的危机感＝志命感'，不断抖擞精神，尝试挑战"。

他还指出："身为企业高层干部和领导，唯有提出明确指示，比如'目前形势严峻，但我们只要这么做，就能渡过难关'。这样才能激励员工，让他们化危机感为力量。反之，倘若缺乏梦想浪漫和目标指示，而只是让公司陷入一种悲壮感，便无法打动人。"（《要学会打动人！》）

此外，永守亦嗟叹"日本当下缺乏真正的领导"。而为了培养志向远大的候补领导，他不惜自掏腰包，运营京都先端科学大学。为了尽一份绵薄之力，从 2022 年春天起，我亦会全力支援该大学商学院的开设。相信在不久的将来，真正的全球型领导人才就会从京都破壳成熟、离巢起飞。敬请各位期待这一天的到来。

终章
CHAPTER 10

盛守经营的未来

$①$ ▶ $⑪$

Purpose & Profit

资本主义早晚会破灭的事实，如今任谁都看得明明白白。可至于之后的路怎么走，则依然是一团迷雾。

2019 年 8 月 19 日，一则新闻轰动了全世界。美国实力派商界组织 BRT（The Business Roundtable）发表了《关于"企业存在意义"的声明》。在该声明中，BRT 宣布，将把之前视为金科玉律的"股东第一主义"改为"多方利益关系人主义"。换言之，这是一种企业经营主旨的转型，即从之前一味考虑股东利益的模式，变为兼顾考虑客户、员工乃至社会的模式。

话虽如此，但美国企业也并非一夜之间便转投"利他主义"这么简单，而是由于一众长期股东开始大幅投资 ESG（环境·社会·企业治理）领域，而该趋势促使美企不得不思变。这便是上述声明的背景。若一味榨取环境（E）和社会（S）资源，力图实现自己公司的利益最大化，则从长远来看，此举终究会破坏企业价值本身。鉴于此，BRT 的上述动向，说穿了就是"股东资本主义 2.0 版"。即为保颜面的资本主义续命之策而已。

但必须关注的是，在其背后发生的迈向"志本经营（Purposism）"的"地壳变动"，正在全球范围内悄悄推进。上述的 BRT 声明中，亦在提倡"Purpose"。此外，世界最大的资产运作公司贝莱德的 CEO 拉里·芬克亦在 2019 年和 2020 年向主要投资对象企业的 CEO 发出了题为《志向（Purpose）& 利润（Profit）》的告知信。在信中，拉里强调，企业最为重要的根本性存在意义，便在于 "Sense of Purpose（志向）"。他还指出，Profit（利润）只是结果，不可将其视为目的。

这与涩泽荣一的 "论语（Purpose）加算盘（Profit）" 思想如出一辙。过去了 100 年，欧美总算接近了日本的价值观。

可反观一众日企，却在平成的 30 年间一味迎合欧美型资本主义，随波逐流于 ROE（净资产收益率，Return On Equity）（其又称股权收益率或股本收益率，是衡量企业获利能力的指标。——译者注）经营和公司治理（Corporate Governance）等舶来思想。这着实令人叹息不已。此迷惘之态，已不是 "落后别人一圈"，而简直是 "逆行于时代" 了。

而稻盛和永守则不同，他们始终坚持日本原有的正确伦理观、劳动观和企业观，且一直以提升社会价值和企业价值为目标。即便有时会被抹黑攻击，被扣上 "陈旧落伍" "黑心企业" 的帽子，他们也依然不懈地追求世界尖端的企业经营。

可纵观日本如今的大环境，"SDGs" 依然被广泛吹捧。这种追随欧美型社会规范的卑屈顽疾，在日本完全不见好转。不仅如此，这种产官学界和媒体对 SDGs "举国一致" 的推崇，在全世界都属罕见。

我并不是说 SDGs 的内容有错误。其 "不让任何一个人掉队，旨在解决社会课题"的目标的确非常了不起。可其具体内容实在过于笼统和冠冕,令人对其实现的可能性心生沮丧。且其实现期限定在 2030 年,距现在已不到 10 年。在我看来,这样的 SDGs 既无法解决本质课题,也无法实现价值创造。

新 SDGs

鉴于此,正如在前言中所提及的那样,我提出了改进版的"新 SDGs"(图 8)。

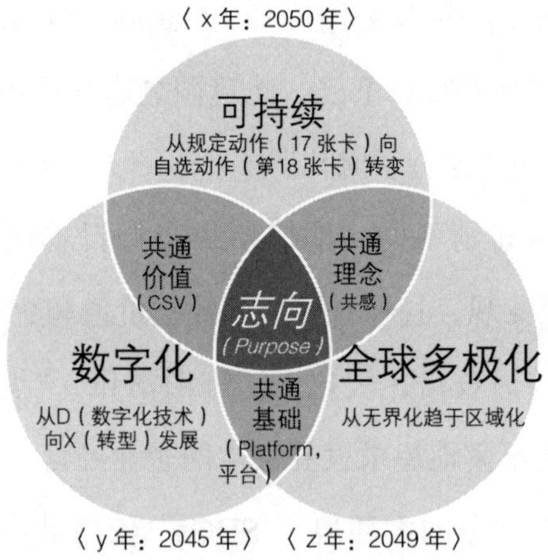

图 8 新 SDGs——从资本主义向志本主义转型

S 即"Sustainability(可持续)"。但既有的 SDGs 的 17 张卡皆未跳出教科书式"规定动作"的框框。鉴于此,应该有让各企业贯彻自身远大志向的"第 18 张卡（即第 18 个目标。——译者注）"。我称之为"自选动作"。

D 即 "Digital（数字化）"。前面提到，DX（数字化转型）已是当今热潮，但切不可被数字化技术所摆布。数字化终究是工具、是实物而已。关键在于 X（转型），即如何通过数字化来实现企业的变革。

G 即 "Globals（全球多极化）"，即着眼全球的企业经营。可纵观目前的世界局势，非但无界化（Borderless）未能推进，反倒是区域化（Borderful）日趋明显。比如中美贸易摩擦以及新冠肺炎疫情下各国对出入境管控的强化等，皆是区域化的典型。但也正因为如此，才更需要将多极化和分割化的世界再度联结。鉴于此，我特意使用 "Globals" 一词，即 "Global" 的复数形式。

至于上述新 SDGs 的实现期限，我设定在 2050 年。据专家估算，到了 2050 年，世界人口会从现在的 77 亿增至 100 亿。若这 100 亿人皆追求现在美国人的平均生活水准，则需要 5 个地球才能满足。可见，对于目前既有的供给和消费结构的根本性改革，已是逐渐迫在眉睫的人类课题。

此外，有预测称，到 2045 年，人类将会迎来"技术奇点（The Technological Singularity）"，届时 AI 会超越人类的智能。围绕技术奇点的到来，神学论争一直不断。但可以肯定的是，最晚到 2050 年，人类至少会步入"技术奇点前时代（The Pre-Singularity）"，届时 AI 会无限接近人类的智能。

2050 年距现在已不到 30 年，属于盛守经营所擅长的"长期射程"之内。可见，人类应该扬弃 SDGs 那种截至 2030 年的"半吊子"时间轴，转而以 2050 年为时间基点进行回测（Back cast），从而亲手开拓未来。

为此，最重要的是图 8 所示的核心部分——"志向"。我们因何存在？想为谁做些什么？想开创怎样的未来？其动机为何？答案就在稻盛的"大义"以及永守的"梦想"中。而这便是志本经营的内核所在。至于与之相关的 SDGs，无非是该"志向"的衍生物而已。

在本章中，我会探讨稻盛经营及永守经营所追求的未来。在该过程中，相信上述志本经营框架体系——"新 SDGs+P（Purpose）"能够发挥作用。

绿色革命的旗手

日本京都是全球性的"可持续发展圣地"。1997 年，在京都召开的联合国气候变化框架公约参加国第 3 次会议（COP3）上，与会各国首次对应对全球变暖问题达成了协议。且基于当时出台的《京都议定书》，日本政府亦须履行相关减排义务——从 2008 年到 2012 年，日本的温室气体排放量要比 1990 年减少 6%，该目标已顺利达成。

在围绕可持续发展的各种课题中，"全球变暖对策"和"去碳化"可谓当下的重中之重。而稻盛和永守早在创业之初，便将解决这类环境问题视为正业。

先说京瓷，作为其主要业务的精制工业陶瓷，便是利用无机物创造出有用产品的事业。与研究利用含碳有机物的有机化学领域相比，二者在材料层面有着本质区别。

其实当年在大学时，稻盛专攻的是有机化学，且希望在当时位于风口的有机化学行业工作。可结果事与愿违，他最终入职京都的松风工业，并由此与精制工业陶瓷结下了不解之缘。后来，在电子产业的蓬勃发展之下，京瓷作为精制工业陶瓷的标兵企业，实现了大幅成长。换言之，上帝给稻盛关上了通往有机化学行业的门，却意外地将他引入了迈向"去碳化"的路。

而稻盛本人积极地以"去碳化社会"为目标，则是始于第一次石油危机的次年（1975 年），正值京瓷创立的第 16 个年头。当时，京瓷与松下、夏普等 5 家企业共同启动了太阳能发电项目，并为此联合成立了 JSEC（日本太阳能联合公司，Japan Solar Energy Corp.）。之后，由于赤字、亏损等原因，加盟企业纷纷撤出该项目，唯有京瓷依然坚持耕耘太阳能发电事业，且一坚持就将近半个世纪。

对此，稻盛曾感言："我们京瓷没让该事业的火种熄灭，而是兢兢业业地持续努力。为何我们能做到这一点？一言以蔽之，是因为该事业包含促使我们为之燃烧热情的'大义'。而这份大义，正是我们当年启动太阳能事业的动机。'通过太阳能来造福人类'

便是我们一直贯彻的宗旨，也是我们至今依然不变的初心。"（开创太阳能事业 30 周年"致谢大会"上的纪念演讲，2005 年 9 月 2 日）这正可谓"大义为始"。

最近，在坚持以太阳能发电为核心的同时，京瓷还广泛着手于各种相关的可再生能源事业。比如通过 IoT(物联网)，将分散于各处的太阳能发电系统等能源资源进行集约汇总，从而实现高效的 VPP（虚拟发电所，Virtual Power Plant）解决方案。即把普通住宅及小规模发电站通过太阳能电池产出的电能汇集于一处，然后再按需使用。目前，这种模式正处于实验验证阶段。

至于京瓷已然投入实用的相关业务，则要数家用热电联产系统（Cogeneration System）—— ENE FARM MINI（京瓷售卖的一种热水及用电联供型家用燃料电池迷你系统，ENE FARM MINI 是其品牌名，意为"能源农场迷你系统"。——译者注）。其与东京燃气公司合作，研发出了这种全球业内最小型的产品，并于 2019 年开始销售。

不仅如此，京瓷研发的住宅用蓄电系统亦引人瞩目。它是一种住宅用固定型蓄电系统，首次采用了黏土型锂离子蓄电池。该电池具有长寿命、高安全性、低成本的优点。该蓄电系统于 2020 年投放市场。

而在 2020 年 9 月，京瓷又发布了其自主研发的概念车"Moeye"。京瓷针对自动驾驶时代的来临，着眼于车内空间的重要性，独自研发出了集"惊喜"和"舒适"于一体的未来型驾驶

舱。其包括多项特有技术，比如空中显示屏、令人体舒适的 LED
照明、触觉传递（HAPTIVITY）传感器等。

京瓷集团这种持续致力于环保的企业态度受到了外界的高度
评价。就拿日本环境省颁发的"防止地球变暖活动环境大臣表彰
奖"来说，从 2010 年度起，京瓷集团已连续 10 年获得该奖项。
正可谓日本的 GX（绿色转型，Green Transformation）企业典型。

Born Green（天生绿色）

再说永守，自创业以来，他就把"可持续发展"置于企业经
营的中枢位置。作为日本电产核心业务的马达，便是针对旧式石
油类动力的转型推动器。对此，永守甚至断言"今后的产业核
心，将从半导体转移至马达"。不仅如此，与交流马达相比，作
为日本电产龙头产品的无刷直流马达（Brushless DC Motor）的耗
电量只有前者的一半。

2018 年 1 月 24 日，在 IR（投资者关系，Investor relations)
研讨会上，永守曾坦言："从学生时代起，我就一直在进行无刷直
流马达的相关研究。毕业工作后，我曾对公司领导说'这种马达
将来前景广阔，我建议咱们公司开展这项事业'，可得到的回复
是'不感兴趣'。于是乎，基于'让无刷马达普及全球'的远大
计划，我于 1973 年自主创业，成立了日本电产这家企业。"如今，
在全球无刷直流马达市场，日本电产占据了大约 50% 的份额。称

其为"全球节能的驱动者"亦不为过。

正如前述，在永守看来，该"马达革命"所带来的"5 大浪潮"，可谓实现非连续性数量级成长的机遇。而无论哪一项，无刷直流马达都是其中的核心技术。

就拿发展势头正劲的 EV（电动汽车）来说，其不仅关乎去碳化，更是上述 5 大浪潮的集合体。对此，日本电产计划宏伟——不但要当马达的供应商，还要提供整车驱动系统的解决方案。

汽车的基本性能包括"行驶、制动、转向"。而它们相对应的核心部件分别为"牵引马达""制动马达""转向助力马达"。鉴于此，日本电产试图通过布局该 3 大核心部件，来发起造车行业的变革。

2021 年 3 月，日本电产成为鸿海科技集团（富士康科技集团）"安卓汽车"研发合作伙伴的报道见诸各媒体。纵观智能手机领域，鸿海制造的搭载谷歌开源操作系统"安卓"的终端设备已然席卷全球。鸿海的主要大客户包括小米科技和 OPPO 等中国的新兴无厂设备制造商。同理可知，对 EV 行业亦可如法炮制——由鸿海生产搭载日本电产驱动系统的"公模车"，然后卖给各类企业及行业新玩家。这些进货方在给公模车贴牌后，便能以"自家产品"的面目杀入 EV 市场。

这种从原有的封闭化垂直整合型产业结构向开放化水平分工型产业结构的转变，可谓"百年一遇的产业革命"。永守最近常说："到了 2030 年，汽车的价格将是现在的 1/5！"

另一方面，无人机则可谓物流革命的关键。而在这方面，日本电产亦积极跟进，其不但已经在量产商用无人机的马达，而且还着手研发用于载人飞行器（飞行机器人）的驱动马达。对此，永守豪言道："在不久的将来，人类会迎来私家载人飞行器的时代。"即人们能用自己的飞行器移动出行。如此一来，"私家车"的时代也许会成为过去式。

有人把永守称为"日本的伊隆·马斯克"，但在"为去碳化社会提供价值"层面，他其实远远凌驾于伊隆·马斯克之上。

比如在发行环境（绿色）债券方面，日本电产亦让其他企业难望其项背。2019 年 11 月，其发行了价值 1000 亿日元的绿色债券，这是日本国内有史以来的最大数额，一度成为坊间话题。至于发行所得的融资，则用于 EV 驱动马达的研发以及生产设备的投资。而在 2021 年 3 月，日本电产又发行了 5 亿欧元的绿色债券，开创了日本国内实体企业的先河。对此，环境相（相当于"环保部部长"。——译者注）小泉进次郎曾向我盛赞道："日本电产正可谓绿色革命的旗手。"

说到绿色，永守一直只系绿色领带。他说他的绿色领带收藏已远超 1000 条，并以 2000 条为目标在增加。至于其理由，他回答道："按照九宫飞星图（一套测风水及占卜的体系，算命者将九宫数配以颜色，如一白、二黑、三碧、四绿、五黄、六白、七赤、八白及九紫；配以五行，如一水，二土，三木，四木，五土，六金，七金，八土，九火；从而推算吉凶。——译者注）的说法，我属于'二黑土星'，是五行中的'土相'。而土不可缺绿，所以我系绿色领带。

"而且绿色离不开太阳，因此我一直向阳而坐。我现在是社长，想坐哪个方位当然随心所欲，可在当年刚毕业后的上班族时代，我也坚持只坐朝南或朝东的工位，为此还和上司吵过。"（上述两段引用皆出自商业刊物 PRESIDENT，2011 年 10 月 3 日刊）

这样的执着，实在很有永守的风格。而日本电产的企业主题色，自然亦是绿色。正可谓"Born Green（天生绿色）"的企业。

第 18 张卡

稻盛和永守对于未来的高瞻远瞩，早已超越了以 2030 年为截点的联合国 SDGs。比如稻盛一直提倡的"利他心"，与一部分人所信奉的"从智人到神人"的世界观截然相反。所谓"从智人到神人"，即人类凭借 AI 的力量，最终坐上神的宝座。而稻盛的"利他心"思想所追求的是伦理、是共情。为此需要重塑正在现代社会中流失的价值观和人生哲学。

而永守则一直把"构建充满梦想和活力的社会"作为目标。在全球经营大学首届毕业生的成果发表会上，一名毕业学员说道："我们要从驱动物体的 Motion 企业，转型为打动人心的 eMotion 企业。"当时在场的永守对此报以喝彩。这名学员是候补干部，

来自日本电产数年前收购的一家原本田集团子公司。这一幕体现
了"传承发扬"——本田宗一郎的精神超越时空，在日本电产集
团生根发芽。

　　共情，或者说感动，这正是日本应向全世界宣扬的 SDGs 的
"第 18 张卡"。换言之，即便在"可持续发展"这个普世领域，
稻盛和永守依然主张各企业发挥个性、因地制宜，采取"自选动
作"。其旨在把一众日企从迷信"世界标准"的作茧自缚困境中
解放出来。

数字时代的天之骄子

　　而新 SDGs 的"D"（即"数字化"）一直是京瓷和日本电产
自创业之初便确立的"本业核心"。近半个世纪，计算机和通信
技术取得了指数函数级成长。而这两家企业作为相关的主要部件
制造商，也实现了巨大飞跃。直至今日，对于苹果和鸿海等世界
级数字化设备生产商而言，京瓷的精制工业陶瓷件也好，日本电
产的超小型马达也好，依然是它们产品中的核心部件。鉴于此，
京瓷和日本电产皆可谓"Born Digital（数字时代的天之骄子）"。

　　一般认为，日企属于数字时代中的败者。的确，像 GAFAM
（即谷歌、苹果、脸书、亚马逊、微软。GAFAM 取五家公司的首
字母）和 BATH（即百度、阿里巴巴、腾讯、华为。BATH 取四
家公司的首字母）这样占尽风头的巨型平台企业，目前只在美国

和中国存在。

而之前被日本视为"立国之本"的 IDM（垂直整合型设备制造商，Integrated Device Manufacturer），亦在世界市场的两极化（以台积电为首的亚洲晶圆代工企业和一众中美的无厂半导体公司）局势之下分崩离析。

但正如前面所述，在这种看似对日本不利的环境下，依然有不少日本的部件或材料制造商顺应潮流，通过不断打磨尖端的研发力和生产力，成为持续不败的赢家。拆开苹果的产品一看，能发现里面有许多来自日本厂商的部件。而京瓷和日本电产，便是这种数字时代的典型赢家。除它们以外，这种不为大众消费者所知的"隐形赢家"还包括村田制作所（提供电容器等）、日东电工（提供偏光板）、大金工业（提供氟素涂层剂）、味之素（提供氨基酸封端剂）等。

在当年个人电脑发展普及的全盛期，英特尔提出了"Intel Inside"战略。而日本的 B2B 企业也应一改一直"甘于充当幕后角色"的态度。若能像英特尔一样，积极推进自身的品牌战略，则势必能提升围绕自身品牌的无形资产价值。我所熟识的记者井上久男曾采访过永守，在那次采访中，永守道出了类似的观点——"汽车里一般都会有我们日本电产的马达，所以我想效仿'Intel Inside'，在全世界无数汽车的前挡风玻璃上都贴上'Nidec（日本电产）Inside'的标签。"（《文艺春秋》，2020 年 11 月刊）

如今，数字时代已迎来新纪元，即融合了 Cyber（网络）和

Physical（实体）的 CPS（网络与实体整合系统，Cyber Physical System）世界。纵观初期的数字化革命，其以 Virtual（虚拟）为主战场，而前述的 GAFAM 和 BATH 几乎已成该领域的全球霸者。可一旦进入 CPS 时代，在实体方面占优的日企便有了大展拳脚的机遇。

比如从现实世界获取数据要靠传感器。而在该领域，SONY 和京瓷集团占有压倒性的市场份额。把收集到的大数据在虚拟世界中进行演算处理（Processing），然后再将其结果反馈至现实世界。但要驱动现实世界，驱动器（Actuator）不可或缺。而在该领域，日本电产集团等日本制造商具备世界级的傲人竞争力。

此外，即便在演算处理领域，诸如云计算之类的虚拟世界概念，最终也要落实于现实世界。比如被称为"边缘运算（Edge computing，它是一种分布式运算架构，其将原本完全由中心节点处理的大型服务进行分解，从而切割成更小、更易管理的部分，然后分散到边缘节点去处理。——译者注）"的新运算架构便是其典型。而在发那科（FANUC，一家提供机器人和电脑数控机床等自动化产品服务的企业。——译者注）所提出的智慧（Smart）工厂蓝图中，便试图将各机器人内置的 AI 与整个大系统相协调，并同时完成自律性作业。而提供相关内嵌型 AI 的厂商，名叫 Preferred Networks 株式会社。它是一家始于日本、志在全球的初创企业。而在该领域，并没有 GAFAM 和 BATH 等"航母"的身影。

数字化的前方

继 IoT（物联网）之后，人类势必会迎来 IoE（万联网，Internet of Everything）的时代。其包括 IoH（人联网，Internet of Human），亦可称"扩增人类（Augmented Human）"。比如埃隆·马斯克便已成立了一家名为"Neuralink"的新初创企业，并开始尝试在人脑中植入 AI。

而 SONY 电脑科学研究所的副所长（兼任东京大学教授）历本纯一则中意于 IoA（能联网，Internet of Abilities）的概念。其不局限于埃隆·马斯克那种"强化人类智能"的思想，而是以身体能力、认知能力等人类的全体能力为对象，并把残障人士和高龄者的能力弥补和能力恢复考虑在内。

这正可谓《光速超能人》（从 1967 年开始在日本电视台播放的特摄片，总共 26 集。——译者注）和《人造人 009》（石森章太郎所著的日本科幻漫画。从 1964 年开始在漫画杂志《周刊少年 King》上连载。——译者注）所描绘的世界。不不，还是拿《新世纪福音战士》（由庵野秀明执导、由 GAINAX 和龙之子制作公司制作的日本动画电视连续剧，于 1995 年 10 月至 1996 年 3 月在东京电视台首播。——译者注）和《哆啦 A 梦》（日本漫画家藤子·F. 不二雄笔下著名的漫画作品，从 1969 年 12 月开始连载，至今已成为日本国民级长寿动漫作品。——译者注）做比喻更好一些，这样更贴近当前这一代青年人。总之，在历本纯一看来，这种 SF（科幻）世界，已离我们不再遥远（历本纯一著《妄想的头脑，思考的双手》）。

而一旦再生医疗和防止老化等领域的技术取得进展，则不要说"人人能活 100 岁"，就连"人人能活 120 岁"乃至"人人能活 125 岁"的时代亦会来临（大卫·辛克莱著《我们不必变老》）。如此一来，如何再生和强化会引起"非金属疲劳"的人体无机部位，便成了亟待解决的课题。届时，京瓷的人造关节和日本电产的超小型马达势必大有用武之地。

对于数字时代的企业自有优势，京瓷现任社长谷本秀夫阐述如下：

"别的公司似乎不太着力于硬件，但我们京瓷靠传感器等硬件一路发展壮大而来，因此在硬件的研发和制造方面底子较厚。在系统搭建方面，我们可能存在较为薄弱的部分，但这通过与外部合作便能解决。只要能发挥自身优势，我们并不纠结于是否 100% 自给自创。"（日本 DIAMOND online 网站，2019 年 8 月 22 日稿）

而永守则展望未来道："到 2050 年，世界人口将达 100 亿，届时全球用于劳动作业的人形机器人会多达 500 亿台。"（"日经 XTECH"商业信息传媒网站，2019 年 11 月 6 日稿）他还估计，每台机器人会内置 600 个马达。仅凭这一点，就能预见一个井喷式的小型马达市场。不仅如此，永守还悄悄对我"咬耳朵"道："大量超小型马达植入人体的时代势必也会到来。"正可谓"改造人"的世界。

到那个时候，内嵌 AI 的硬件方为价值的源泉。换言之，即从如今被人捧上天的"PaaS（产品即服务，Product-as-a-Service）"向"SaaP（服务即产品，Service-as-a-Product）"的模式转换。如此一来，执牛耳的将不再是基于数字化的虚拟技术，而是实际扎根于现实世界的硬件技术。至此，日本的部件和材料产业便有望席卷世界。

永守指出，"（如今）轻视硬件的倾向实属大错"。而他之所以创立京都先端科学大学，其动机之一亦是把京都打造为"硬件技术的世界级殿堂"。

而待 AI 和机器人进一步进化，直至走到技术奇点（The Technological Singularity）时，人类势必重新面临"何谓人类"的灵魂拷问。为了不让《从智人到神人》（新锐历史学家尤瓦尔·赫拉利所著畅销书，简体中文版译作《未来简史》。——译者注）一书中的反乌托邦（Dystopia）预言成真，就必须提升伦理、正义、利他、共情的价值。而为之应该关注的，便是稻盛的"大义"以及永守的"梦想"。

社会越是迈向数字化，"志向（Purpose）"就越是企业的根基，就越是世界市场中最重要的"通货"。为了不被数字化大潮所淹没，为了认准真正的"北极星"，盛守流派的"志"本主义（Purposism）经营模式不可替代。

多极化时代的经营模式

至于新 SDGs 的第 3 项——Globals（全球多极化），正如前面所述，不管是京瓷还是日本电产，在创立初期，它们都不被闭锁的日本市场所接纳，于是二者都先"墙内开花墙外香"——在凭实力说话的美国市场积累了业绩口碑，然后再反向杀入日本市场。

直至今日，这两家企业在海外市场的销售额依然占比较高——京瓷的海外销售额占整体的 2/3，日本电产则超 80%。正可谓"Born Global（天生全球化）"的企业。

若按照本书第 5 章所述的成功企业的 4 大类型来嵌套，则上述二者皆属于"W 型"的代表——以经营变革力和运营力为基础，开展全球化经营。在京瓷，前者即哲学，后者即阿米巴经营；在日本电产，前者即永守 3 大精神，后者即对 3Q6S 的彻底落实。

至于二者的遗留课题，则要数"打造两大成长引擎"。即如何实现"市场开拓力"（Marketing）与"赢利模式构建力"（Innovation）的程式（Algorithm）化，并将其落地并应用于国际市场。此外，因地制宜亦是关键，即不仅一味执着于日本模式，而应着眼于欧美、中国乃至印度等据点的多元化模式，从而实现合理过渡。这也是诸多优秀全球化企业所共同面临的课题。

纵观当今的全球市场，其受到新冠肺炎疫情及中美摩擦等影响，分隔化和多极化的趋势正在不断加剧。但也正因为如此，能否重新结合各块市场、不断升级真正意义上的无界化经营模式，便成为企业把握胜局的关键。为此，企业就必须在熟知第一手信息的同时，着力培养拥有全球化视野的国际型企业经营者候补人才。正如前面所述，像日本电产便通过集团自建的"全球经营大学"等机构，不遗余力地培养这种次世代人才。

与中国同行

盛守经营的另一大特征，是在中国的"Insider（局内人）化"。前面提到，稻盛经营思想在中国已然掀起一股热潮。据说，稻盛著作的一半以上的销量来自海外，而中国的销量占其海外销量的九成多。

据报道，稻盛和夫的《活法》一书在日本的销量突破130万册，可谓超级畅销书，可其中国版销量已突破530万册。截至2019年，盛和塾在中国已有37家分塾，注册塾生已达7000人。同年末，日本盛和塾解散后，中国的盛和塾依然在持续运营。其中不少塾生是中国的企业主兼经营者。

而在年青一代的中国企业家中，亦不乏稻盛经营的拥趸。比如紧追 BATH 的 TMD（Toutiao：今日头条，Meituan Dianping：美团点评，DiDi：滴滴出行）便是典型代表。Toutiao 如今更名为北京字节跳动科技，为抖音的运营方。该公司创立于2012年，当时其创始人张一鸣还不到30岁。据说，对于稻盛坚持自省"心境"的态度以及"努力工作即修行"的教诲，张一鸣颇有共鸣。

　　而给张一鸣推荐《活法》一书的，则是运营美团点评网（现更名为"美团"）的 CEO 王兴。据说王兴也从《活法》中学到了企业经营的真髓。对此，王兴曾坦言："（通过《活法》）我明白，对一名企业家而言，最难的是顺应时代；对一个人而言，最重要的是走正确的路。"（日本 PRESIDENT Online 网站，2020 年 9 月 25 日稿）

　　永守则对中国市场满怀信心。他曾展望道："中国必会成长。世界第一的 EV 车企，将来一定会在中国诞生。"（M&A Online 网站，2019 年 4 月 18 日稿）且正如前面所述，哪怕在新冠肺炎疫情肆虐全球时，他也毅然投资 1000 亿日元，在中国新建工厂，用于生产 EV 的牵引马达。

　　2020 年，永守把当初从日产汽车招致麾下的关润提拔为日本电产的社长。从 2014 年起的 4 年间，身为日产汽车专务的关润是中国区管理委员会负责人，并兼任东风汽车总裁，可谓在中国营商方面的专家。对于在中国的建厂投资，他说道："若现在犹豫不前，便会错失发展机遇。为了将来的成长发展，该花的钱就要花。"他还意气风发地展望道："通过将中国作为牵引马达生产核心基地的战略，到 2025 年，（我们日本电产）在该市场所占的全球份额将增至 25%。"（《日本经济新闻》，2020 年 10 月 27 日刊）

　　而在进入 2021 年后，他愈发高歌猛进——"包括车载部件在内，（日本电产）在中国的业务形势极为喜人。虽然'不格外偏重特定地域'是我们公司的经营方针之一，但纵观与家电、商业、产业类产品相关的业务领域，我们在中国尚有充分的投入和开拓空间。从手机的振动马达，到核电站的相关设备部件，可谓前景巨大。加上中国政府还在积极布局风力发电，因此与之相关的马达等部件亦是市场广阔。"（《日刊工业新闻》，2021 年 1 月 15 日刊）

正如前面所述，2021 年 6 月，永守正式让关润接任日本电产的 CEO 一职。至此，日本电产以中国为起点之一的"Globals（全球多极化）经营 3.0"应该会加速。

至于永守，则抱有更大的豪情壮志。在 2020 年 10 月的决算发表会上，他强调道："发展该（EV 牵引马达）业务是一个 50 年的长期计划，其目标是占据全球 45% 的市场份额，并创造 1 兆日元的利润。"当然，永守并没有把鸡蛋放在中国这一个"篮子"里，他还计划投资 2000 亿日元，在欧洲的塞尔维亚新建生产 EV 牵引马达的工厂。可见，他瞄准了中国和欧洲这两块推行"由油转电"改革的汽车消费大市场，并正在"狠踩加速踏板"地发力。永守经营中"风险（= 变化）方为最大机遇"的思想，可谓在此体现得淋漓尽致。

中国古时的孟子认为，治天下应循"王道"，而非"霸道"。霸道即威权治国，王道即以德治国。而在稻盛看来，眼下正应重拾孟子的该思想。对此，稻盛感言道："我觉得治人还是必须靠人性人格，即以德服人，从而赢得对方的信赖及尊敬。"（稻盛和夫

官网）

可持续发展是全球课题，数字化亦无国境。鉴于此，全球经济也会"分久必合"。届时，日本将面临的考验是"抉择"，即能否不附庸于西方的"霸道"，进而向世界展示东方"王道"的优势。

从京都到世界

稻盛曾在达沃斯会议的公开会议上登台讲话。那是 2013 年 1 月。当时，作为该会议主办者的克劳斯·施瓦布（德国工程师及经济学家。——译者注）读了英文版《活法》后深受感动，因而向稻盛发出了盛情邀请。

在讲话中，稻盛痛批了欧美型资本主义。达沃斯会议的常客中不乏全球商界和政界要员，对于稻盛的发言，他们当时无疑感到仓皇错愕。而听众们的反应也令稻盛失望。回国后，他曾坦言道："那里尽是一群爱出风头的有钱人，这种聚会其实无甚意义。"（《日本经济新闻》，2013 年 2 月 19 日刊）

然而在那之后，"资本主义的终结"便成了达沃斯会议每年的核心议题。2020 年，其提倡从"股东至上主义"向"多方利益关系人主义"转型。而其 2021 年的主题为"Great Reset（大重启）"。其主旨在于，为了摆脱新冠肺炎疫情、气候变化、贫富扩大等危机，为了让世界重回美好，不能靠"头痛医头脚痛医脚"的临时措施，而必须构建全新的经济社会体系。

可见，世界终于开始认识和接近以盛守经营为代表的"志本主义"经营思想。至于达沃斯会议上的那一众资本主义既得利益者们是否真的会改变宗旨，还是要打个问号，但正如前面所述，在包括中国在内的全球先进企业中，有意向日本学习的经营者不在少数。

比如赛富时的创始人马克·贝尼奥夫在日本不太出名，但在《哈佛商业评论》杂志的"全球最受尊敬的企业家排行榜"中，他名列第2位。贝尼奥夫亦是达沃斯会议的常客，他还与盟友樱田谦悟（SOMP控股株式会社CEO、经济同友会代表干事）合作，围绕"可持续发展"，摆开辩论阵势。

正如本书第3章中所述，赛富时把"Ohana"作为企业理念。其源于夏威夷语的"Ohana"，意为"家族"。换言之，赛富时基于该超越血缘和世代的宏大概念，提倡一种将全世界人民及下一代皆视为"大家族成员"的思维方式。这标志着与一向重视"个体"的西欧近代思想的分道扬镳，以及对一向重视"群体"的东方思想的接纳吸收。

每次访日，贝尼奥夫必会去京都。他最中意的京都古刹是龙安寺。对此，他曾感言道："（龙安寺）的石庭中有15块石头，可如果坐着观察，由于重合遮挡，只能看到14块石头。由此我明白，看清看全事物要靠'心眼'。为此，就必须与心融为一体。通过拜访龙安寺，令我回归根本，不忘初心。"［*Forbes JAPAN*

（福布斯日本商业杂志），2019 年 4 月 12 日刊］

"回归初心"乃禅学教义，即通过回归初心，重拾"本我"，从而洞见"未来"。这也是盛守经营的"基本时间轴"。

Self-as-We（基于大我的自我观）

那么，空间轴又是什么呢？正如本书第 1 章中所提及的那样，京瓷孕育了栖所分离理论，并让共生思想生根发芽。京都大学哲学家出口康夫提出"基于大我的自我观（Self-as-We）"。这与西方的"基于小我（个体）的自我观"完全相反，可谓东亚的"整体论型自我观"，此亦是源于西田哲学的新京都学派。

要实践可持续发展，就必须实现从"利己欲望"向"利他仁爱"的价值观转变。而这个数字技术万物互联的时代，也要求人们从 Me-sim（小我主义）向 We-ism（大我主义）转型。对此，出口康夫阐述如下：

"在现代信息化环境下，AI 和机器人也可谓'我们'的一部分，它们发挥着代理的作用。那么，我们该如何看待这种关系，又该如何处理这种相互作用呢？不仅如此，在虚拟网络空间中，我们能够创造生成类似'自己分身'之物，而这分身亦可谓'我们'的一部分。对于这种信息通信技术所带来的新情况，人类需要基于新的哲学视点，对其相关的伦理及存在论等进行探讨。"（NTT 研究所出版的"触感内容杂志"*FURUE*，2020 年 2

月刊）

2017 年诺贝尔文学奖得主石黑一雄（日裔英国作家。——译者注）的最新作《克拉拉与太阳》在全世界激起反响。该书的主角克拉拉是靠太阳能驱动的 AF（人工好友，Artificial Friend）。作者正可谓描绘了一个数字技术与可持续发展相融合的世界。而克拉拉与人类少男少女之间的友谊，便是该书的主题。

对此，我不禁畅想，克拉拉的工业陶瓷部件和太阳能系统应该出自京瓷，而其超小型马达和驱动器应该出自日本电产。不过石黑本人的一次受访感言，打破了我上述"不解风情"的臆测。

他说道："在我的小说中登场的科学家认为，'在人类肉体中根本找不到灵魂之类的物质，因此只要把所爱之人脑中的所有数据提取出来，然后转移到机器中，该机器便成了所爱之人百分百的替身'。对此，我这个老派的人是无法接受的，我想对我书中的科学家说'你找错地方了'。在我看来，所谓灵魂，大概存在于被爱之人的周围，即珍视他（她）的人们的感情之中。在科学家眼里，我这种设想恐怕较为蹩脚。但作为小说家，这是我所中意的回答。"（《日本经济新闻》，2021 年 3 月 2 日刊）

这完全是"Self-as-We"的精神体现。它以生于日本的英国作家石黑一雄的英语作品为载体，唤起了全世界的共鸣。鉴于此，"Self-as-We"可谓超越了政治经济壁垒，且有望成为全球多极化的新基轴。

要想实践和开拓我所提倡的名为"新 SDGs"的新常态，最为理想的指南针应该是位于盛守经营深处的京都乃至日本的特有价值观。Sustainability（可持续）、Digital（数字化）、Globals（全球多极化），这是世界的 3 大潮流。而巩固和联结这 3 大潮流的，则正是"志向（Purpose）"。

　　而基于该志向的"志本经营"，便是盛守经营的精髓所在。日本曾一味盲目追求名为"世界标准"的卑屈幻想，从而迷失了30 年。为了不重演这"平成失败"的悲剧，日企经营者应学习盛守经营的本质，并将其作为次世代经营模式，向全世界大力宣传推广。

　　资本主义的尽头必将是"志本主义"的时代。我由衷期待稻盛和永守的思想后继有人，且希望大量领会传承"志本经营"的日企再次成为全球的领军角色。

后记

最近几年，我在京都逗留的时间较多。

今年，京都的夏季比往年来得早一些，也照例给此处带来了夏季独有的氛围、景物和风情，宛如一首诗。与去年一样，稀少的外国游客令人感到些许寂寞和怅然，但在尽情体验京都稳重典雅的风情方面，这样的寂静或许恰如其分。漫步于禅寺院落，有时忽觉出离，似乎周围景物和自己皆归于无。正可谓正念认知之境地。

本书的焦点便在扎根京都、开拓明日世界的两位企业家身上。稻盛和夫今年已达卒寿（90 岁）之年，永守重信也已至喜寿（77 岁）之年。但在"人类不久后将能活到 125 岁"的科学发展时期，他俩大概也会如京都夏季的良夜一般，持续向周围释放热力。

针对可以称作京都、日本乃至世界的企业家代表的上述两位人物，通过我自己的知识体系，对他俩能量之源的实态及本质进行分析、探讨和归纳，并向广大读者传达。这便是本书的主旨所在。

本书其实是我经手的第 2 部"直击传奇企业家"的作品。第

1 部是《评传松下幸之助》。该书作者是报刊《朝日新闻》的原编委兼经济评论家名和太郎，也是我已故的父亲。当时我刚进入大学。为了该书的成书，我帮助父亲进行资料搜集和原稿撰写等工作。

得益于上述经历，我得以从零开始了解和学习松下幸之助这位稀世企业家的半生历程和经营哲学。如今回想起来，哪怕这已是将近半个世纪前的事，却依然令我受益无穷。

而稻盛和夫，则是我所崇拜的另一位企业家。虽与他素未谋面，但借助大量书籍和 DVD，他已然成为我的心灵导师。此外，我还有幸从时任日航的大西贤社长以及客舱乘务员出身，曾任客舱部总部长的大川顺子前副会长那里得知稻盛重振日航时的不少故事。而在执笔本书时，我又深入学习研究了稻盛的经营思想，从而再次被他的真知灼见所折服。

本书的另一位主角是永守重信，我与他共处较多。正如本书所述，我从 2016 年起便在日本电产全球经营大学的成立及运营方面提供协助，并从 2021 年 4 月起担任永守理事长牵头的京都先端科学大学的客座教授。

我担任迅销集团的公司外部独立董事已近 10 年，柳井正是该集团的会长兼社长。而在依然活跃在第一线的企业经营者中，柳井和永守是我最为敬畏的。我已在"暗中策划"，待将来机会成熟，就会写一本名为《永守和柳井》之类的书。

由于与永守的熟识和交集，对我而言，他并非不可触及的遥远形象，而是"活生生"的企业家。但即便如此熟悉，他依然令我叹服。其经营哲学和领导能力之非凡，说与稻盛比肩亦不为过。二人都以京都第一、日本第一，乃至世界第一为目标而持续精进。而其中的轨迹交错，实在是颇为有趣的现象。

于是乎，在不知不觉中，我渐渐想写一本以二人经营思想为题材的书，且这样的想法日益强烈。考虑到稻盛比我大两轮、永守比我大一轮，他俩都是我的大前辈，因而可谓无谋之举。此外，我不得不坦白，直至写该"后记"时，我尚未向二人告知及商量本书的出版事宜。对于书中的事实关系和引用内容等，我自认为尽量保证了其正确性。可万一存在错谬或误解，则须由我全权负责。

说到二人的共通之处，除了同为"发源于京都的国际化企业的创始人"之外，其实还有不少。

比如，二人皆广受中村天风思想的影响。说到中村天风，其在普通大众中的知名度较低，但却是昭和时代的日本思想家代表。正如本书中所述，包括松下幸之助在内，政商界和体育界有不少他的拥趸。再比如最近活跃于美国职业棒球大联盟的大谷翔平，据说也在读了天风的《开拓命运》一书后深受触动。

而如果说稻盛和永守有何不同之处，前者深受天风深邃思想的影响，该思想与佛教及禅学相通；而后者继承了天风超乐观的思维，以及坦诚直率并颇具感染力的话术。但二者的思想根基皆包含天风的教诲，这也是盛守经营的本质共通之处。

再比如，在如今的时代背景下，二人的企业都容易被揶揄为"黑心企业""昭和企业"。因为他俩都强调"劳动的尊严"，都鼓励努力工作、拼命奋斗，都对员工予以严厉且彻底的指导教育。

可在如今这个时代，"黑心企业"这个词可谓上纲上线，一旦企业被扣上了这顶帽子，就等于被贴上了"反社会"的标签。可要说"反社会"，稻盛大概会如此反驳——"溺爱员工，放弃企业应提升员工的义务，这样的经营者才是反社会之人。"至于永守，大概会如此反驳——"以不景气为借口而肆意裁员的企业，才是反社会势力。"

至于"昭和企业"，我觉得大可视其为褒奖之词。纵观昭和之后的平成的 30 年间，一众自作聪明引进欧美经营手法的日企不进反退，悉数陷入败局。一味盲目讨好逢迎股东、客户和员工的"平成稀松企业经营风格"毫无前途。而不为这样的恶潮所动，坚持发展进化昭和"赢家模式"的盛守经营，才是能够开拓未来的成功模式。通过平成 30 年间的业绩对比，已能证明此理真实不虚。

即便如此，仍然有不少日企经营者不思悔改，继续沉湎于引进舶来型的经营手法。比如二元性经营，这种主张企业应分别开展深化和探索的"治理处方"，在其"本土"美国早已被打上了"失败之策"的烙印。反观稻盛和永守，他俩通过专注深挖主业，同时实现了深化和进化。永守将该手法称为"挖井式经营"。换言之，二人都毫不动摇地践行着尼采的名言——"深挖你所站之处，泉水就在你脚下"。

又比如"多元化与包容性（Diversity and Inclusion）"亦是不少日企所迷信的"洋方"。基于"同质化的日企缺乏多元化"的思潮，不少日企教条化地增加女性员工和外国员工的数量。可此举亦属于"致死的疾病"（《致死的疾病》是丹麦思想家、哲学家、神学家克尔凯郭尔的思想著作，书中所说的"致死的疾病"喻指绝望。——译者注）。若只求形式多元化而欠缺包容性，便无法获得"整合各种不同要素"的向心力，从而沦为一盘散沙，这样的企业自然未来无望。原因很简单——哪怕才能储备再多元、再丰富，也无法切实落地、生根发芽。对此，埃森哲（一家管理咨询、信息技术及业务流程外包的跨国公司。——译者注）称之为"旋转门型组织"。而对于多元化与包容性，埃森哲认为包容性才是先决条件，故提出"包容性与多元化（Inclusion and Diversity）"的概念。

而稻盛和永守皆把哲学和经营精神贯彻落实至组织的各个角落。因为他们深知此举能够生成向心力，从而实现对全球各类人才的"活用"。

而对于上述思想和手法的"普世归纳总结"便是 ESG 和 SDGs，但它们只是理所当然的套话而已，即所谓的"规定动作"。无论如何高举 ESG 和 SDGs 的大旗，对企业的可持续发展及价值提升都无实际作用。

而稻盛和永守从不使用这种花哨的外来词。因为前者（ESG）

是他俩早在创业之初便视为本职的内容；至于后者（SDGs），他俩聚焦的目标已远远走在了它前头。

一边着眼于超长期，一边"极度认真"地投入每日的经营活动。这种远近复眼经营，方为盛守经营之精髓。日企都应该学习二人的思想，从而根除"中期计划病"这种有害无益的日企顽疾。

在我所著的《经营改革大全》一书中，揭露了毁掉日企的100个误解，同时提出了其反面（或者说隐藏在其前方）的100个真理，并把它们统称为"志本经营"。

而在本书中，我旨在通过聚焦"志本经营"的两位先驱，具体阐述开拓未来的实际经营模式。从该意义层面看，本书可谓上述《经营改革大全》的姊妹篇。且与前著一样，本书自选题策划阶段，就承蒙日经BP日本经济新闻出版总部的堀口祐介先生的鼎力协助。我在此谨表谢意。

克服新冠肺炎疫情、拥抱新常态的时代转折点已然到来。各日企应该从"平成的惰眠"中醒来，以稻盛和永守为榜样，实践志本经营。各日企经营者若皆能像稻盛和永守那样，把志本经营作为次世代经营的理想模式，并加以大力宣传推广，则势必能将世界引向正确的未来之路。